시튼 동물기 2

시튼 동물기
2

어니스트 톰프슨 시튼 지음
햇살과나무꾼 옮김

논장

시튼 동물기 2

개정판 2쇄 2021년 3월 10일 | 개정판 1쇄 2019년 3월 20일 | 초판 1쇄 2000년 1월 20일
지은이 어니스트 톰프슨 시튼 | 옮긴이 햇살과나무꾼
펴낸이 박강희 | 펴낸곳 도서출판 논장 | 등록 제10-172호·1987년 12월 18일
주소 10881 경기도 파주시 회동길 329 | 전화 031-955-9164 | 팩스 031-955-9167
제조국명 대한민국 | 사용연령 8세 이상
주의사항 종이에 베이거나 긁히지 않도록 조심하세요.
ISBN 978-89-8414-343-2 74840
ISBN 978-89-8414-341-8 (전 5권)

ⓒ 논장 2019

- 잘못 만들어진 책은 구입하신 서점에서 바꾸어 드립니다.
- 책값은 뒤표지에 있습니다.

이 도서의 국립중앙도서관 출판예정도서목록(CIP)은 서지정보유통지원시스템 홈페이지(http://seoji.nl.go.kr)와 국가자료공동목록시스템(http://www.ni.go.kr/kolisnet)에서 이용하실 수 있습니다.(CIP제어번호:CIP2019008432)

"동물은 정도만 다를 뿐,
우리처럼 욕구와 감정을 가진 생물이기 때문에
동물 역시 권리를 가져야 마땅하다."

일러두기

- 이 책은 원작 《The Biography of a Grizzly》,
  《Animal Heroes》에서 〈Snap: The Story of a Bull-terrier〉,
  《Wild Animals I have Known》에서 〈The Springfield Fox〉를 우리말로 옮겼습니다.
- 동식물의 이름은 두산백과사전 두피디아와 브리태니커 백과사전 등을 바탕으로 하고 한국어명이 정확하지 않은 경우 학명과 해당 종의 특성을 참고해 실용적 표기를 따랐습니다.
- 외국 지명과 인명 등은 국립국어원 외래어표기법을 따르되 관용적인 표기와 동떨어진 경우 절충하여 관례를 따랐습니다.
- 국립국어원에서 정한, 저자 Ernest Evan Thompson Seton의 표기는 '어니스트 에번 톰프슨 시턴'입니다. 이 책에서는 통상적으로 널리 쓰는 '시턴'으로 표기했습니다.

차
례

고독한 회색곰 왑의 일생
9

용맹한 개 스냅
113

어미 여우 빅스의 마지막 선택
145

옮긴이의 말
시튼의 삶과 문학·수록 작품 해설
184

시튼의 생애
196

The Biography of A Grizzly
고독한 회색곰 왑의 일생

왑의 어린 시절

1

왑은 20여 년 전, 거칠고 황량한 서부에서도 가장 황량하다고 이름난 곳에서 태어났다. 그곳은 리틀파이니강이 시작되는 지역으로, 그 아래쪽에는 지금의 팰릿 목장이 자리 잡고 있다.

왑의 어미는 지극히 평범한 회색곰이었다. 남의 일에 간섭하는 것도, 간섭받는 것도 싫어했고 오로지 새끼들을 정성껏 돌보며 모든 곰들이 바라는 조용한 삶을 꾸려 가고 있었다.

6월이 되자 이 남다른 곰 가족은 리틀파이니강을 따라 그레이불강으로 내려왔다. 어미는 새끼들에게 나무딸기가 무엇이고 어디에서 자라는지 가르쳐 주었다.

어미의 굳은 믿음과 달리 새끼 곰들은 남달리 몸집이 크다거나 총명하지는 않았지만, 약간 특이한 점은 있었다. 회

색곰이 새끼를 두 마리 이상 낳는 일은 드문데도 이 어미 곰은 새끼가 네 마리나 되었던 것이다.

　털북숭이 새끼 곰들은 맛난 먹이가 지천으로 널린 아름다운 산에서 유쾌한 여름 한 철을 보냈다. 어미 곰은 통나무와 납작한 돌덩이가 보일 때마다 어김없이 들추었고, 그러기가 무섭게 새끼 곰들이 마치 새끼 돼지들처럼 우르르 달려들어 그 밑에 숨은 개미와 땅벌레들을 핥아 먹었다.

　새끼 곰들은 어미 곰이 힘에 부쳐 커다란 돌덩이를 자기들 머리 위에 떨어뜨릴지도 모른다는 생각은 꿈에도 하지 않았다. 누르스름한 몸뚱이 밑에서 유연하게 움직이는 그 우람한 앞다리와 어깨를 본 사람이라면 누구도 그런 생각을 하지 않을 것이다. 그렇다. 어미 곰은 결코 힘을 잃지 않았다. 새끼 곰들은 옳았다. 새끼 곰들은 어미 곰이 통나무를 번쩍번쩍 들어 올릴 때마다 서로 먼저 먹으려고 달려들면서, 돼지와 강아지와 새끼 고양이가 한데 섞여 소리치듯 깩깩거리고 으르렁거렸다.

새끼 곰들이 마치 새끼 돼지들처럼 우르르 달려들었다.

새끼 곰들은 높은 산의 통나무 밑에 사는 작은 갈색 개미는 잘 알고 있었지만, 이렇게 크고 통통하고 아주 먹음직스러운 숲 개미가 사는 개미집은 처음이었다. 새끼 곰들은 밖으로 나오는 개미들을 핥아 먹으려고 몰려들었다. 하지만 곧 개미보다는 선인장 가시나 모래를 더 많이 먹게 된다는 사실을 깨달았다. 그러자 어미 곰이 "엄마가 하는 걸 잘 보렴." 하고 말했다.

어미 곰은 개미집 꼭대기를 내리치고는 그 위에 큼직한 앞발을 한동안 가만히 올려놓았다. 그러자 성난 개미들이 어미 곰의 앞발에 까맣게 달라붙었다. 어미 곰은 앞발을 혀로 싹 핥아 모래 한 알, 선인장 가시 하나 묻히지 않고 개미들을 한입 가득 씹어 먹었다. 새끼 곰들도 금세 배워서 저마다 조그만 갈색 앞발을 치켜들고 개미집을 에워쌌다. 새끼 곰들은 마치 손장난하는 아이들처럼 둘러앉아서 오른발과 왼발을 차례대로 핥았고, 다른 형제가 자기 발을 핥으면 귀를 툭 때려 주었다. 이윽고 개미집이 텅 비자, 곰들은 자리를 털고 일어섰다.

곰들은 시큼한 개미를 먹어서 목이 말랐다. 그래서 어미 곰은 새끼들을 이끌고 강으로 내려갔다. 곰들은 물을 실컷 마시고 물장구를 친 다음, 강기슭을 내려가다가 어느 웅덩이에 이르렀다. 어미 곰은 웅덩이 바닥에 모여 햇볕을 쬐는

손장난하는 아이들처럼.

버펄로피시 떼를 날카롭게 응시했다. 깊은 웅덩이와 웅덩이 사이로 흐르는 여울은 물이 얕아서 자갈이 훤히 드러나 보였다.

어미 곰이 말했다.

"엄마가 새로운 걸 가르쳐 줄 테니 기슭에 앉아서 보려무나."

어미 곰은 우선 아래쪽 웅덩이로 가서 잔잔한 물을 휘저어 흙탕물을 만든 다음, 흙탕물 한 줄기를 바로 밑에 있는 여울 위로 기다란 커튼처럼 띄워 보냈다. 그러고는 살그머니 뭍으로 돌아갔다가 위쪽 웅덩이로 풍덩 뛰어들었다. 그쪽에 모여 있던 물고기들이 느닷없는 공격에 깜짝 놀라 흙탕물 쪽으로 정신없이 헤엄쳐 갔다.

물고기가 쉰 마리쯤 있으면 그중 몇 마리는 어리석은 짓을 하게 마련이다. 아니나 다를까, 버펄로피시 여섯 마리가 흙탕물을 헤치고 돌진하다 얼떨결에 얕은 여울까지 넘어와서 팔딱댔다. 어미 곰이

 물고기를 건져 기슭으로 던져 주자, 새끼 곰들은 오도 가도 못하는 짤록하고 괴상한 뱀처럼 생긴 물고기들에게 와르르 달려들어 배가 풍선처럼 볼록해질 때까지 게걸스럽게 먹어 댔다.
 배도 부른 데다 따가운 햇볕을 쬐어 졸음이 몰려왔다. 어미 곰은 한적하고 외진 곳으로 새끼들을 데려가 자리를 잡고 앉았다. 새끼 곰들은 더워서 헉헉거리면서도 어미 품으로 쏙 파고들었다. 새끼들은 마치 추위를 피하려는 듯이 조그만 털북숭이 앞발을 모으고 새까만 코를 푹 파묻은 채 잠이 들었다.
 한두 시간이 지나자 막내 퍼즈만 빼고 새끼들이 하나둘 일어나 늘어지게 하품을 하며 기지개를 켰다. 퍼즈는 뾰족한 코를 잠깐 들었다가는 다시 어미의 굵직한 앞다리 사이로 파고들었다. 퍼즈는 순한 귀염둥이였다. 한편 훗날 왑이라고 불리게 되는, 몸집이 가장 큰 녀석은 바닥에 벌렁 드러누워 삐죽 튀어나온 나무뿌리를 물고 흔들었다. 녀석은 제 딴에는 힘껏 으르렁거리며 뿌리를 씹다가 제 뜻대로 안 되면 앞발로 뿌리를 툭툭 쳤다.

　장난꾸러기 무니는 프리즐의 귀를 확 잡아당겼다가 귀를 얻어맞았다. 곧 둘 사이에 싸움이 붙었고, 둘은 누런 공처럼 단단히 엉겨서 풀밭을 데굴데굴 굴러 눈 깜짝할 사이에 강기슭 아래로 사라졌다.

　곧이어 꼬마 레슬링 선수들이 도움을 청하는 소리가 들렸다. 잔뜩 겁에 질린 목소리였다. 무시무시한 위험이 닥쳐오고 있었다.

　온순하던 어미 곰은 순식간에 포악한 짐승으로 돌변하여 벌떡 일어섰다. 강기슭 너머에서 방목 중인 거대한 수소가 새끼 곰을 누런 개로 착각하고 죽일 듯이 달려드는 모습이 보였다. 강기슭에서 발을 헛디딘 프리즐은 꼼짝없이 당할 판이었다. 바로 그때 어미 곰이 거대한 수소조차 놀랄 만큼 사납게 으르렁거리며 쿵쿵 발소리를 울리더니, 팡팡 튀는 누런 털공처럼 수소에게 달려들었다.

수소! 이 드넓은 벌판의 주인이자 소 떼의 왕인 수소가 무엇을 두려워하랴. 수소는 굵직한 울음을 토하며 어미 곰을 향해 강기슭으로 돌진했다. 그러나 수소가 번뜩이는 뿔로 어미 곰을 갈가리 찢으려고 머리를 숙이는 순간, 어미 곰은 무쇠 같은 주먹으로 한 방에 수소를 까무러뜨렸다. 그리고 수소가 미처 정신을 차리기도 전에 어깨에 올라타서는, 날카로운 발톱을 휘두르고 또 휘둘러 옆구리의 살점을 뜯어냈다.

성난 수소는 으르렁거리며 몸을 한 번 숙였다가 곧추서더니, 어미 곰을 태운 채 길길이 날뛰었다. 그러다가 수소의 거대한 몸뚱이가 비탈 쪽으로 기울어지자, 어미 곰은 재빨리 수소의 어깨에서 내려

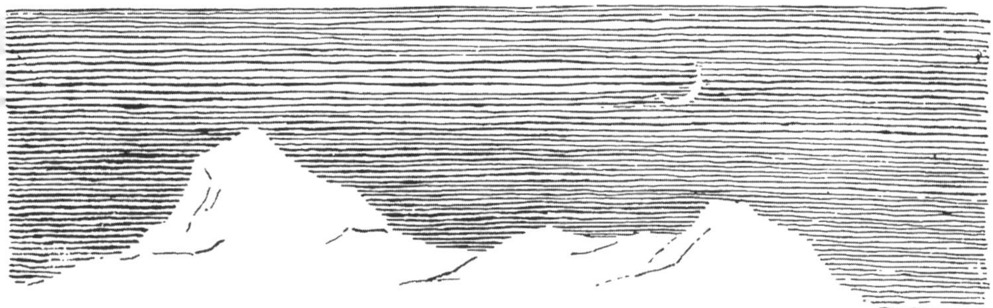

왔고 수소는 풍덩 강 속에 처박혔다.

수소한테는 다행스러운 일이었다. 회색곰은 강까지 수소를 쫓아갈 마음은 없었기 때문이다. 그래서 수소는 반대편 강가로 올라가 분노와 고통으로 울부짖으며 자신의 무리가 있는 곳으로 슬금슬금 달아났다.

2

소 떼의 주인 피켓 대령은 말을 타고 방목장을 달리고 있었다. 그는 간밤에 눈 덮인 뾰족한 피켓 산봉우리 위로 초승달이 기우는 모습을 보았다.

피켓 대령이 중얼거렸다.

"지난번에 프랭크 봉우리로 달이 졌을 때는 한 달 동안 운이 나빴어. 이번에는 나한테

행운이 찾아올 거야."

정말로 이튿날 아침부터 행운이 시작되었다. 워싱턴에서 온 편지에는 자기 목장에 우체국을 세워 주겠다는 내용과 함께 "새로운 우체국 이름을 뭐라고 지으시겠습니까?"라는 정중한 질문까지 쓰여 있었기 때문이다.

대령은 새로 장만한 45구경 연발총을 집어 들었다.

"역시 내 말이 맞았어. 이번 달은 나의 달이야."

대령은 그렇게 말하고는 소들을 살펴보기 위해 말을 타고 그레이불강을 따라 올라갔다.

대령은 림록산 밑을 지날 때 멀리서 수소들이 으르렁거리며 싸우는 듯한 소리를 들었지만 무심히 지나쳤다. 그러나 산모퉁이를 돌자, 아래쪽 평지에서 흙먼지가 일도록 앞발로 땅을 긁어 대며 울부짖는 소 떼가 보였다. 소들이 동족의 피 냄새를 맡았을 때 하는 행동이었다. 대령은 곧 피투성이가 된 '우두머리' 수소를 발견했다. 등과 옆구리는 퓨마의 발톱에 찢긴 듯했고, 머리는 다른 수소에게 얻어맞은 듯했다.

대령은 산을 잘 아는 터라, 끙 하고 신음을 냈다.

"회색곰 짓이군."

대령은 우두머리 수소가 어느 쪽에서 왔는지 재빨리 가늠해 보고는, 그 일대가 한눈에 내려다보이는 높은 강기슭으로 말을 달렸다. 그곳은 리틀파이니강 어귀 근처, 그레이불강의 얕은 자갈 여울 건너편이었다. 대령을 태운 말은 첨벙거리며 차가운 개울을 건너 맞은편 기슭으로 터덕터덕 올라갔다.

대령은 기슭 위로 고개를 내밀기가 무섭게 총을 거머쥐었다. 어미 회색곰과 새끼 네 마리가 보였기 때문이다.

"얼른 숲속으로 뛰어."

어미 곰이 소리쳤다. 어미 곰은 사람들이 총을 갖고 다닌다는 것을 알고 있었다. 자신이야 어떻게 되든 두렵지 않았지만, 사랑하는 새끼들이 총에 맞는 것은 생각만으로도 끔찍했다. 어미 곰은 새끼들을 데리고 리틀파이니강 하류의 울창한 숲으로 도망치려 했다. 하지만 이내 끔찍하고 잔인한 총소리가 잇달아 들려왔다.

탕! 어미 곰은 격렬한 통증을 느꼈다.

탕! 가엾은 막내 퍼즈가 고통스러운 비명을 지르며 나동

그라지더니 꼼짝도 하지 않았다.

어미 곰은 증오와 분노로 사납게 으르렁거리며 적을 공격하려고 돌아섰다.

다시 '탕!' 소리와 함께 어깨에 총알을 맞은 어미 곰은 온몸이 뻣뻣해지면서 숨을 거두었다. 그러자 새끼 곰 세 마리가 허둥지둥 어미에게 뛰어왔다.

탕! 탕! 이번에는 무니와 프리즐이 어미 곁에서 쓰러져 고통스럽게 죽어 갔고, 겁에 질린 왑은 넋이 나간 듯 식구들 주위를 맴돌았다. 그러다가 문득 돌아서서 숲이 우거진 곳으로 쏜살같이 뛰어갔고, 마지막 총소리와 동시에 찌르는 듯한 통증을 느꼈지만 부러진 뒷발을 질질 끌며 자취를 감추었다.

이렇게 해서 그 우체국은 '네 마리 곰'이라고 불리게 되었다. 대령은 자기가 한 일을 자랑스러워하는 것 같았고, 자기 입으로도 그렇게 말했다.

그날 밤 멀리 앤더슨 봉우리의 숲에서는 새끼 회색곰 한 마리가 피가 흐르는 뒷발을 절룩거리며 정처 없이 헤매고 있었다. "엄마! 엄마! 엄마아, 어디 있어요?" 하고 슬프게 울면서. 새끼 곰은 춥고 배고프고 발도 몹시 아팠다. 하지만 어미 곰은 와 주지 않았고, 그렇다고 어미 곰이 쓰러졌던 곳으로 돌아갈 엄두도 나지 않았다. 그래서 새끼 곰은 소나무 숲을 마냥 헤매고 다녔다.

그러다가 새끼 곰은 묵직한 발소리를 내는 낯선 동물의 냄새를 맡았지만, 어떻게 해야 좋을지 몰라 나무 위로 기어 올라갔다. 곧이어 덩치가 우람한 짐승들이 떼거리로 나무 밑을 지나갔다. 목이 길고 다리가 가늘며 어미 곰보다 키가 큰 짐승들이었다. 전에도 이 짐승들을 본 적이 있었다. 그때는 어미 곰이 곁에 있었으므로 겁을 먹지는 않았다. 지금 새끼 곰은 꼼짝없이 숨을 죽인 채 나무 위에 꼭 달라붙어 있었다.

키 큰 짐승들은 새끼 곰 근처에 와서는 풀을 뜯다 말고 콧김을 씩씩 내뿜으며 멀리 사라졌다.

새끼 곰은 날이 밝을 때까지 나무 위에 숨어 있었다. 온몸이 꽁꽁 얼어붙어서 땅으로 내려오는 것도 힘들었다. 그러다가 따스한 햇살이 비치고 기분이 좀 나아지자, 허기를 채울 나무딸기와 개미들을 찾아다녔다. 그러고는 리틀파이니강으로 돌아와 얼음같이 차가운 물에 다친 발을 담갔다.

새끼 곰은 산으로 돌아가고 싶었지만, 어미 곰과 형제들이 있는 곳으로 가 봐야 할 것 같았다. 오후가 되어 날이 따뜻해지자, 새끼 곰은 절룩거리며 숲 지대를 흐르는 개울을 따라가, 어제 물고기를 먹었던 그레이불강 기슭에 이르렀다. 새끼 곰은 물고기 찌꺼기들을 닥치는 대로 입에 넣고 와작와작 씹어 먹었다.

그때 낯설고 소름 끼치는 냄새가 바람결에 실려 왔다. 새끼 곰은 까닭 모를 두려움을 느꼈다. 어미 곰과 형제들을 마지막으로 본 곳에 이르자 냄새는 한결 강해졌다. 살짝 엿

새끼 곰은 날이 밝을 때까지 나무 위에 숨어 있었다.

보았더니 수많은 코요테들이 뭔가를 찢어발기고 있었다. 그것이 무엇인지는 알 수 없었다. 하지만 어미 곰은 보이지 않았고, 역겹고 두려운 냄새만 코를 찔러 왔다. 마침내 새끼 곰은 조용히 리틀파이니강 하류의 울창한 숲 쪽으로 돌아섰고, 다시는 잃어버린 가족을 찾으러 오지 않았다. 새끼 곰은 어미 곰이 사무치게 그리웠지만 알 수 없는 뭔가가 그것은 부질없는 일이라고 일러 주었다.

추운 밤이 찾아오자 새끼 곰은 어미 곰이 더욱 그리웠다. 어미 잃은 가엾은 외톨이 새끼 곰은 낑낑 울면서 절뚝절뚝 산속을 헤매고 다녔다. 찾아갈 집이 없으니 길을 잃은 것은 아니었지만, 너무나 힘들고 외로웠다. 게다가 발은 몹시 아프고, 이제는 결코 먹을 수 없는 어미의 젖이 그저 그립기만 했다. 그날 밤 새끼 곰은 속이 빈 통나무를 발견하고 그 속에 웅크린 채, 어미 곰의 푸근한 팔에 감싸여 있는 꿈을 꾸려고 애쓰면서 훌쩍거리다 잠이 들었다.

3

왑은 어릴 때부터 유난히 침울했다. 더구나 어린 나이에 잇따라 불행을 겪은 탓인지 날이 갈수록 무뚝뚝하고 퉁명스러워졌다.

왑이 보기에는 모두가 자기를 못살게 구는 것 같았다. 왑은 리틀파이니강 상류 숲에서 숨어 지내며 낮에는 먹이를 찾고 밤에는 속 빈 통나무로 기어들어 갔다. 그러던 어느 날 저녁, 왑은 덩치는 자기만 하지만 선인장처럼 고약한 가시가 돋친 호저가 자기 통나무를 차지하고 있는 것을 발견했다. 하지만 호저를 어떻게 몰아내야 하는지 몰라서 그 통나무를 포기하고 다른 보금자리를 찾아 떠났다.

어느 날 왑은 어미 곰이 가르쳐 준 맛있는 나무뿌리를 찾으러 그레이불강 가의 평지로 내려갔다. 하지만 뿌리를 캐기도 전에 땅속에서 잿빛 짐승이 튀어나와 사납게 으르렁거리며 달려들었다. 왑은 그것이 오소리인 줄은 몰랐지만, 몸집이 자기만 하고 성질이 사납다는 것을 알았다. 몸도 아프고 다리도 성치 않았던 왑은 다음 협곡 등성이에 닿을 때까지 도망쳤다.

거기서 왑은 다시 코요테와 맞닥뜨렸는데, 녀석은 왑을 가지고 놀 셈으로 자기 패거리까지 불러 쫓아왔다. 왑은 급한 김에 근처에 있던 나무 위로 도망쳤다. 코요테들은 나무 밑까지 쫓아와 짖어 대다가 나무 위에 있는 것이 어린 회색 곰이라는 것을 냄새로 알아차리고는 근처에 어미 곰도 있겠다 싶어서 그냥 돌아섰다.

 코요테들이 슬그머니 도망친 뒤 왑은 나무에서 내려와 리틀파이니강으로 돌아갔다. 그레이불강에는 먹이가 풍부하긴 했지만, 든든한 보호자가 사라진 지금 왑의 눈에는 모두가 적으로 보였다. 그나마 리틀파이니강에서는 가끔씩 평화를 누릴 수 있었고 적을 만났을 때 도망칠 수 있는 나무도 많았다.

  왑의 부러진 발은 좀처럼 낫지 않았고 말끔히 회복되지도 않았다. 상처가 아물고 통증도 가셨건만, 발은 여전히 뻣뻣해서 똑바로 걷기가 힘들었고 괜찮은 발과 달리 발바닥의 볼록한 부분들이 한데 뭉쳐 자랐다. 그래서 적을 피해 나무를 타거나 뛰어야 할 때 애를 먹었다. 왑은 단 한 번도 친구를 만난 적이 없었고 끝없이 적과 마주쳤다. 어미 곰을 잃었을 때, 왑은 단 하나의 친구를 잃은 셈이었다. 어미 곰이 살아 있었다면 왑은 이런 쓰라린 고통을 겪지 않고도 많은 것을 배울 수 있었을 테고, 어지간해서는 병치레도 하지 않았을 것이다. 질병은 가짓수도 많고 하나같이 지독해서, 왑이 튼튼한 체질이 아니었다면 벌써 죽었을지도 모른다.

  그해는 피니언 잣나무 열매가 풍성하게 열려서 잘 익은 잣 열매가 바람에 후두두 떨어졌다. 왑이 지내기도 한결 편해졌다. 왑은 서서히 건강과 힘을 되찾았고, 날마다 마주치던 짐승들도 이제는 왑을 함부로 건드리지 못했다.

그러던 어느 날 아침, 왑이 세찬 바람에 떨어진 잣 열매를 맛있게 먹고 있는데 큰 흑곰이 언덕을 내려왔다. 왑이 일찌감치 깨달은 사실은 '숲에서 만나는 자는 절대로 친구가 아니다.'라는 것이었다. 그래서 왑은 가장 가까운 나무로 쏜살같이 올라갔다.

처음에는 흑곰이 겁을 먹었다. 회색곰의 냄새를 맡았기 때문이다. 하지만 왑이 새끼라는 것을 알고 용기를 내어 으르렁거리며 왑에게 다가왔다. 흑곰은 새끼 회색곰 못지않게, 아니, 새끼 곰보다 나무를 더 잘 탔다. 그래서 왑이 아무리 높이 올라가도 흑곰은 끈질기게 쫓아왔다. 왑이 자기 몸을 지탱할 수 있는 가장 높은 잔가지까지 올라갔을 때, 흑곰은 잔인하게도 가지를 흔들어 왑을 떨어뜨렸다. 왑은 온몸에 멍이 들었고 멍하니 얼이 나갈 만큼 충격을 받았다.

왑은 슬프게 울면서 절뚝절뚝 달아났다. 흑곰은 왑을 쫓아가서 죽일 수도 있었지만 그러지는 않았다. 혹시 근처에 어미 곰이 있을지 모른다는 두려움 때문이었다. 그렇게 해서 왑은 살기 좋은 이 피니언 잣나무 숲에서 쫓겨나 강 아래쪽으로 내려가고 말았다.

이제 그레이불강에는 먹을 것이 많지 않았다. 나무딸기는 거의 자취를 감추었고 물고기나 개미도 없었다. 가엾은 외톨이 곰 왑은 다친 몸을 이끌고 정처 없이 떠돌다가 마침내 미티시 협곡 쪽까지 내려갔다.

코요테 한 마리가 산쑥 더미를 헤치고 나와 왑을 쫓아오며 짖어 댔다. 왑은 곧장 달아났지만 코요테는 금세 왑을 따라잡았다. 그 순간 왑은 마지막 용기를 짜내어 휙 돌아서서 적을 공격했다. 깜짝 놀란 코요테는 겁에 질려 한두 번 길게 울부짖고는 다리 사이로 꼬리를 말아 넣고 도망쳤다. 이렇게 해서 왑은 싸우지 않고는 평화를 얻을 수 없다는 것을 배웠다.

하지만 이곳은 먹이가 적은 데다 소들이 너무 많았다. 어느 날 왑은 멀리 떨어진 미티시 협곡의 피니언 잣나무 숲으로 가다가 그 슬픈 날에 보았던 인간과 똑같이 생긴 사람을 또다시 마주쳤다. 그 순간 '탕!' 하는 소리가 들리더니 산쑥이 서걱거리며 왑의 등을 덮쳤다. 왑은 그날의 무시무시한 냄새와 위험이 되살아나서 죽어라고 도망쳤다.

왑은 얼른 계곡으로 접어들어 점점 더 깊이 들어갔다. 절벽 사이로 가면 한숨 돌릴 수 있겠다 싶어서 그쪽으로 뛰어갔더니, 하필이면 목장 암소가 고개를 흔들고 콧김을 내뿜으며 왑을 향해 죽일 듯이 달려들었다.

왑이 강기슭으로 이어진 기다란 통나무 위로 뛰어오르는 순간, 통나무 맞은편 끝에서 사나운 붉은스라소니가 불쑥 나타나 돌아가라고 경고했다. 티격태격할 겨를이 없었다.

사나운 붉은스라소니가 돌아가라고 경고했다.

왑은 온 세상이 적으로 득실거린다는 사실을 뼈저리게 느꼈다. 왑은 돌아서서 허둥지둥 바위 기슭으로 올라가, 미티시 협곡의 계단 모양의 땅과 경계를 이루는 피니언 잣나무 숲으로 들어갔다.

　왑이 다가가자 다람쥐들이 화가 나서 앙칼지게 울어 댔다. 자기네가 먹을 잣 열매를 뺏으러 온 줄 알았던 것이다. 다람쥐들이 나뭇가지에서 나뭇가지로 옮겨 다니며 졸졸 따라와 얼마나 요란스레 악다구니를 퍼붓는지, 왑은 적이 그 소리를 듣고 쫓아올 것만 같아 불안했다. 다람쥐들이 노린 점도 바로 그것이었다.

　다행히 아무도 쫓아오지 않았지만, 왑은 불안하고 초조했다. 그래서 먹이도 드물고 적도 거의 없는 수목 한계선까지 한달음에 도망쳤고, 결국 큰뿔양의 영토 근처에 와서야 한숨을 돌렸다.

4

왑은 본디 여동생 퍼즈처럼 사근사근한 성격이 아니었고, 적들에게 수도 없이 시달리면서 갈수록 심술이 늘었다. 왜 남들은 불행한 나를 가만 내버려 두지 않을까? 왜 모두 나를 못살게 굴까? 엄마가 돌아오기만 한다면! 나를 숲에서 쫓아낸 그 흑곰을 죽일 수만 있다면! 왑은 언젠가는 자기도 큰 곰이 되리라는 생각은 하지 못했다. 왑을 위협했던 비열한 붉은스라소니. 왑을 죽이려 했던 그 남자. 왑은 어느 누구도 잊지 않았고 모두를 미워했다.

왑은 이 새로운 터전이 꽤 좋다는 것을 깨달았다. 그해에는 잣나무가 열매를 많이 맺었기 때문이다. 왑은 잣나무 열매를 얻는 법을 익혔다. 다람쥐들이 두려워했던 바로 그 방법이었다. 냄새가 이끄는 대로 따라갔더니 다람쥐들이 겨울에 먹으려고 먹이를 저장해 놓은 큰 식량 창고가 나타난 것이다. 다람쥐들한테는 불행이었지만 왑에게는 행운이었다. 잣나무 열매는 맛있는 음식이었다. 시간이 흘러 낮이 짧아지고 밤이 얼어붙을 듯이 추워지자, 왑은 토실토실 살이 오르고 얼굴도 훤해졌다.

왑은 주로 고지대 숲에서 지냈지만, 가끔씩은 강 근처까지 내려가 먹이를 찾으며 협곡 구석구석을 돌아다녔다. 어느 날 밤 왑이 깊은 물가를 돌아다니고 있는데 독특한 냄새가 났다. 왑은 군침을 삼키며 냄새를 따라갔다. 냄새는 물가에 가라앉은 통나무에서 풍겨 나왔다. 왑이 통나무 쪽으로 다가가는 순간, 철컥하는 소리와 함께 튼튼한 강철 비버 덫에 앞발이 걸리고 말았다.

왑이 비명을 지르며 뒤로 펄쩍 물러나자 덫에 연결된 말뚝이 뽑혀 나왔다. 아무리 발버둥 쳐도 덫이 떨어지지 않자, 왑은 끝내 덫을 질질 끌며 덤불 속으로 달아났다. 왑은 이빨로 덫을 물어뜯어 보았다. 하지만 차갑고 튼튼한 덫은 왑의 발에 매달린 채 꿈쩍도 하지 않았다.

왑은 비명을 지르며 뒤로 물러났다.

왑은 이빨과 발톱으로 쉴 새 없이 덫을 잡아 뜯다가 바닥에 퍽퍽 내리쳤다. 덫을 땅속에 묻고 키 작은 나무에 올라가 보기도 했지만, 왑의 바람과 달리 덫은 여전히 왑을 따라왔다. 덫은 왑의 앞발에 단단히 들러붙어 살을 파고들었다.

왑은 자기가 사는 숲으로 돌아가 가만히 앉아서 생각에 잠겼다. 왑은 이 물건이 무엇인지 알 수 없었지만, 고통과 놀라움과 분노가 뒤섞인 작은 청동빛 눈으로 덫을 노려보며 새로운 적의 정체를 밝히려고 애썼다.

왑은 덤불 밑에 엎드렸다. 그러고는 덫을 부수어 버리겠다는 마음으로 한 발로 덫을 누르고 이빨로 맞은편 끝을 꽉 물면서 몸무게를 실어 덫을 내리눌렀다. 그러자 덫이 스르르 미끄러지더니 주둥이가 쩍 벌어지면서 발이 빠졌다. 물론 왑이 용수철 두 개를 동시에 누른 것은 우연이었다. 왑은 영문을 알 수 없었지만, 아무튼 그 일을 머릿속에 단단히 새겨 두었고 어렴풋하게나마 교훈도 얻었다.

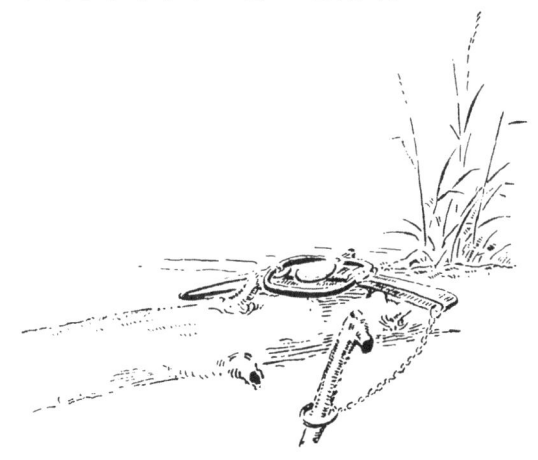

'물가에는 조그맣고 무시무시한 적이 숨어 있다. 그 적은 이상한 냄새를 풍긴다. 그것은 발을 꽉 무는데, 너무 딱딱해서 이빨도 들어가지 않는다. 하지만 세게 누르면 거기서 빠져나올 수 있다.'

발의 통증은 일주일 남짓 계속되었지만 나무만 타지 않으면 괜찮았다.

이제 산에서 와피티사슴*들이 시끄럽게 울어 대는 계절이 되었다. 왑은 밤새 사슴 소리를 들었고 한두 번인가는 거대한 뿔을 가진 수컷들을 피해 나무 위로 도망친 적도 있었다.

그 무렵 덫사냥꾼들이 산을 찾아왔고, 기러기들이 머리 위에서 울어 대기 시작했다. 숲에서는 새롭고 낯선 냄새들이 풍겼다. 그 냄새들 중 하나를 따라가 보니, 조그만 통나무들이 쌓여 있는 곳에서 구수한 냄새와 더불어 어미를 잃었을 때와 같은 메스꺼운 냄새가 났다. 하지만 그 냄새는 아주

* 북아메리카와 동북아시아 지역에 사는 몸집이 큰 사슴의 한 종류.

약해서 왑은 샅샅이 주변의 냄새를 맡아 보았다. 그 중 오스러운 냄새는 앞쪽에 있는 통나무에서 풍겼는데, 입에 군침이 돌게 만드는 구수한 냄새는 그 뒤에 있는 덤불 밑에서 흘러나왔다. 왑이 뒤로 돌아가 덤불을 치우자, 고기 한 덩이가 나타났다. 그런데 왑이 고깃덩이를 덥석 움켜쥐는 순간, 앞쪽 통나무가 묵직한 우당탕 소리를 내며 내려앉았다.

왑은 깜짝 놀라 펄쩍 뛰었다. 다행히 왑은 고깃덩이와 함께 몇 가지 새로운 교훈을 얻고 함정에서 무사히 빠져나왔다. 그리고 예전부터 품고 있던 생각에 더욱 확신을 가지게 되었다. 그 생각이란 '기분 나쁜 냄새가 날 때마다 항상 사고가 터진다'는 것이었다.

날이 추워지자 왑은 종일 졸음이 쏟아졌다. 서리가 내린 날에는 온종일 잠만 자기도 했다. 딱히 정해진 잠자리는 없었다. 왑은 화창한 날에 찾아가는 넓적하고 보송보송한 바위 턱도 많이 알고 있었고 폭풍이 치는 날 몸을 피할 구석진 자리도 한두 개쯤 알고 있었다.

어느 날 바람이 불고 눈이 내리자, 왑은 나무뿌리 밑에서 찾은 더없이 아늑한 보금자리에 들어가 웅크린 채 잠이 들었다. 바깥에서는 폭풍이 윙윙 몰아치고 눈이 수북수북 쌓여 갔다. 눈은 소나무 가지가 휘도록 쌓였다가 와르르 쏟아져 내리고는 또다시 쌓였다. 산을 넘어온 눈이 깔때기 같은

골짜기로 쏟아지고, 높은 봉우리와 산등성이에 내린 눈이 바람에 날려 와 움푹 파인 땅을 메웠다. 왑의 보금자리 위에 쌓인 눈은 한겨울의 추위와 눈보라를 막아 주었다. 그리고 왑은 기나긴 잠에 빠져들었다.

5

곰들이 으레 그렇듯 왑은 겨우내 잠을 잤다. 그리고 봄이 찾아와 잠을 깨우자, 왑은 자기가 아주 오랫동안 잠을 잤다는 사실을 알았다. 크게 변한 건 없었다. 키가 좀 더 자라고 몸이 약간 야위었을 뿐이다. 배가 몹시 고팠던 왑은 굴 위에 수북이 쌓인 눈을 헤치고 나와 먹이를 찾아 나섰다.

주위에는 피니언 잣나무 열매라든가 나무딸기나 개미 따위는 보이지 않았다. 하지만 냄새를 따라 협곡을 올라가니 얼어 죽은 와피티사슴이 나타났다. 왑은 우선 배를 채우고는 나머지는 나중을 위해 땅에 묻어 두었다.

 왑은 사슴을 다 먹어 치울 때까지 날마다 그곳을 찾아갔다. 하지만 그 뒤 두세 달은 먹이가 무척 귀해서 겨울잠에서 깨어났을 때보다 더 홀쭉해졌다. 어느 날 왑은 분수령을 넘어 워하우스 골짜기로 들어갔다. 그곳은 볕이 잘 들어 따뜻했고, 식물이 잘 자라서 먹을 것도 많았다.

 왑은 울창한 숲으로 내려가다가 다른 회색곰의 냄새를 맡았다. 냄새에 이끌려 따라가 보니, 곰 발자국 옆에 나무 한 그루가 서 있었다. 왑은 뒷발로 서서 냄새를 맡아 보았다. 지독한 곰 냄새가 풍겼고, 왑의 키보다 높은 곳에 회색곰의 털과 진흙이 덕지덕지 묻어 있었다. 저렇게 높은 곳에 몸을 비빌 수 있는 곰이라면 자기보다 덩치가 훨씬 클 것이다. 왑은 불안해졌다. 사실 한편으로는 자기와 같은 회색곰을 만나고 싶은 마음도 있었지만, 막상 기회가 생기자 두려움이 앞섰다.

 의지할 데 없는 외톨이로 모두한테 미움을 받아 온 왑은 그 곰이 무슨 짓을 할지부터 걱정되었다. 왑이 갈까 말까

망설이고 있을 때, 나무에 냄새를 남긴 바로 그 회색곰이 구부정한 자세로 언덕을 내려왔다. 그러면서 이따금 걸음을 멈추고 카마시아* 뿌리나 야생 순무를 캐 먹었다.

그 곰은 덩치가 엄청나게 컸다. 왑은 본능적으로 그 곰을 믿지 않았고 슬그머니 숲속 바위 언덕에 올라가서 지켜보았다.

덩치 큰 곰은 왑의 흔적을 발견하고는 굵고 낮은 소리로 으르렁거리며 화를 냈다. 그리고 왑의 흔적을 쫓아 나무까지 와서는 몸을 일으켜 왑의 키를 훨씬 넘는 나무껍질에 발톱 자국을 남겼다. 그리고 다시 왑의 자취를 쫓기 시작했다. 머뭇거릴 새가 없었다. 왑은 분수령을 지나 미티시 협곡으로 도망쳤다. 왑은 어렴풋이 이 협곡은 먹을 것이 부족한 대신 평화롭게 지낼 수 있다는 사실을 깨달았다.

여름이 되자, 왑은 털갈이를 했다. 피부가 몹시 가려웠지만, 진흙탕 속에서 뒹굴거나 적당한 나무에 등을 대고 비비면 시원해졌다. 왑은 이제 나무를 타지 않았다. 새끼 회색곰이나 흑곰이 나무를 잘 타는 이유는 발목이 유연하기 때문인데, 왑은 앞다리가 굵고 튼튼해진 대신 발목이 뻣뻣해졌을 뿐만 아니라 발톱도 너무 길었다. 그 대신 몸을 비빌

---

* 북아메리카 원산의 백합과 알뿌리 식물.

만한 나무가 있을 때마다 제 코가 얼마나 높이 닿는지 알아보는 곰의 습성이 자연스레 몸에 배게 되었다.

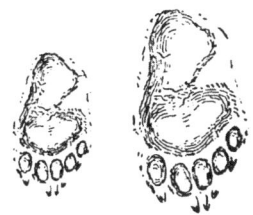

왑 자신은 눈치채지 못했겠지만, 한두 주에 한 번씩 같은 나무를 찾아올 때마다 좀 더 높은 곳까지 코가 닿았다. 왑은 무럭무럭 자랐고 힘도 점점 세졌던 것이다.

왑은 자기 땅이라고 여기는 지역의 한쪽 끝에서 지내다가 반대편 끝에 머물기도 하면서 자주 나무에 몸을 비볐고, 그 나무들은 왑의 영토를 나타내는 표시가 되었다.

여름이 끝나 가는 어느 날, 왑은 자기 영토에서 웬 낯선 곰을 보았다. 털이 반지르르한 흑곰이었다. 왑은 울컥 화가 치밀었다. 흑곰이 가까이 다가왔다. 왑은 흑곰의 적갈색 얼굴과 가슴팍의 하얀 점, 그리고 삐쭉 솟은 귀를 보았고 마지막으로 놈의 냄새를 맡았다.

더 이상 볼 것도 없었다. 바로 그 냄새였다. 이 곰은 오래전에 왑을 리틀파이니강에서 쫓아냈던 시커먼 겁쟁이였던 것이다. 그건 그렇고 녀석이 이렇게 작아지다니! 예전에는 엄청나게 커 보이던 그 흑곰이 이제는 한 발로도 짓밟아 버릴 수 있을 것처럼 보였다.

복수란 달콤한 것이구나. 물론 왑이 정말로 그렇게 말한 것은 아니지만 아무튼 왑은 그 붉은 코 녀석에게 덤벼들었다. 흑곰은 다람쥐처럼 잽싸게 작은 나무로 올라가 버렸다. 왑은 예전에 놈이 그랬듯이 자기도 나무 위까지 쫓아가고 싶었지만, 이제는 그럴 수가 없었다.

왑은 나무를 붙잡는 법도 생각나지 않았고, 흑곰이 비웃듯이 기침을 했을 때 한두 번 되돌아가긴 했지만 결국 단념하고 자리를 떴다. 왑이 나중에 다시 그곳을 지나갈 때 붉은 코는 이미 사라지고 없었다.

여름이 저물면서 산 위쪽에서는 먹이가 차츰 바닥났다. 그래서 왑은 어느 날 밤 용기를 내어 미티시 협곡 하류로 가 보았다. 먹음직스러운 냄새가 산들바람에 실려 왔다. 냄새를 쫓아가 보니 수소가 죽어 있었다. 거기서 꽤 떨어진 곳에 작은 코요테들이 있었는데, 왑이 기억하는 코요테에

비하면 그놈들은 마치 난쟁이 같았다. 죽은 수소 바로 옆에서 코요테 한 마리가 바보처럼 겅중거리는 모습이 달빛에 어른거렸다. 이상하게 이 코요테는 도망치지도 못했다.

왑은 해묵은 증오를 터뜨리며 쏜살같이 코요테를 덮쳤다. 순간적으로 코요테도 왑을 몇 차례 물었지만, 왑이 큼직한 앞발을 한 번 휘두르자 축 늘어진 털 뭉치가 되어 버렸다. 왑은 코요테를 우드득우드득 씹어서 갈비뼈를 모조리 부러뜨렸다. 아, 잇새로 배어 나오는 이 뜨거운 피 맛이라니!

그 코요테는 덫에 걸려 있었다. 쇠 냄새를 싫어하는 왑은 죽은 수소 반대편으로 돌아가 냄새가 덜 나는 쪽의 고기를 뜯어먹으려 했다. 하지만 몇 입 먹지도 못했는데 그만 미처 살피지 못한 늑대 덫에 철컥 걸리고 말았다.

왑은 예전에 덫에 걸렸을 때 덫을 힘껏 눌러 빠져나온 기억을 떠올렸다. 그래서 용수철 두 개를 뒷발로 하나씩 딛고 서서 덫을 꽉 눌렀다. 이내 덫이 벌어지면서 발이 빠져나왔다. 죽은 수소 주위에서는 사람 냄새가 어렴풋이 감돌았다. 그래서 왑은 그곳을 떠나 강 하류로 내려갔다. 하지만 그 끔찍한 냄새가 점점 더 자주 풍겨 왔으므로, 왑은 자신의 조용한 피니언 잣나무 숲으로 되돌아갔다.

왑의 전성기

1

 세 번째 여름을 맞았다. 왑은 다 자란 것은 아니지만 제법 덩치 큰 곰이 되었다. 털빛도 한결 옅어졌는데, 이즈음부터 쇼쇼니 인디언 스파왓이 '흰곰'이라는 뜻으로 왑이라는 이름을 붙이고 쫓아다녔다.

 스파왓은 훌륭한 사냥꾼이었다. 그는 미티시 협곡 상류에서 왑의 털이 묻은 나무를 보자마자 그곳이 덩치 큰 회색곰의 영토라는 사실을 알았다. 스파왓은 며칠씩 온 골짜기를 돌아다니며 기회를 노리다가 왑을 총으로 쏘았다. 왑은 사납게 으르렁거렸지만 어깨를 찌르는 듯한 통증 때문에 싸울 마음이 싹 달아났다. 그래서 허둥지둥 골짜기를 기어 올라가 낮은 산들을 지나 조용한 굴속에 숨었다.

 왑은 오로지 본능에 따라 몸을 회복했다. 상처와 그 주변을 핥으면서 조용하게 지낸 것이다. 혀로 핥으면 상처가 깨끗해지고 마사지 효과가 있어서 잘 곪지도 않았다. 게다가 털이 붕대

처럼 상처에 착 달라붙어 공기와 먼지와 세균이 들어오는 것을 막아 주었다. 그보다 나은 치료법은 없었다.

하지만 인디언은 끈질기게 쫓아왔다. 이내 왑은 다가오는 적의 냄새를 맡고는 더 높은 산으로 소리 없이 올라가 다른 쉼터로 피했다. 하지만 인디언은 또 따라왔고, 왑은 또 도망쳤다. 이런 일이 네댓 번 계속되다가 마침내 두 번째 총성이 울리고, 분하게도 왑은 또다시 상처를 입었다.

왑은 화가 머리끝까지 치밀었다. 어미를 잃던 날 머릿속에 깊이 새겨진 사람, 쇠붙이, 총의 냄새만큼은 정말로 두려웠다. 하지만 이제는 그 두려움마저 사라졌다.

왑은 고통을 참으며 산을 올라갔다. 그리고는 180센티미터 높이의 바위 턱 밑을 지나 둔덕을 타고 다시 바위 턱 위로 올라가 납죽 엎드렸다. 이윽고 총과 칼을 든 인디언이 나타났다. 인디언은 능숙하고 날랜 동작으로 왑의 뒤를 밟으며, 쫓기는 곰한테는 엄청난 고통이었을 핏자국을 보며 흐뭇해했다.

왑은 인디언을 힘껏 후려쳤다.

인디언은 부서진 바위 비탈로 곧장 올라왔다. 그 위의 튀어나온 바위 턱에서는 고통 때문에 사나워진 왑이 기다리고 있었다. 끈질긴 사냥꾼은 살금살금 다가왔다. 사냥꾼은 여전히 핏자국을 살피거나 숲을 둘러보았지만, 고개를 들어 바위를 쳐다볼 생각은 하지 않았다.

자신의 목숨을 거두려는 자가 성큼성큼 다가오는 동안, 왑은 그 증오스러운 냄새를 맡으며 부들부들 떨리는 다친 팔로 거대한 몸집을 힘겹게 지탱하면서 적당한 때가 오기를 기다렸다. 이윽고 왑은 엄청난 위력을 지닌 성한 팔에 불꽃같은 증오를 실어 인디언을 힘껏 후려쳤다. 인디언은 외마디 비명도 지르지 못하고 비탈에서 굴러떨어져 자취를 감추었다.

왑은 일어나서 다시 상처를 치료할 만한 조용한 곳을 찾아 나섰다. 그렇게 해서 왑은 평화를 누리려면 싸워야 한다는 사실을 배웠다. 그 인디언은 두 번 다시 나타나지 않고, 왑은 충분히 쉬면서 상처를 치료할 수 있었다.

2

세월은 쉴 새 없이 흘렀고, 왑은 해가 갈수록 겨울잠을 깊이 자지 못했다. 봄에는 더욱 일찍 깨어났으며 덩치가 점점 더 커졌다.

감히 왑에게 덤벼들려는 동물도 점점 줄어들었다. 왑은 지난날 리틀파이니강 하류에서 그 끔찍한 일을 겪은 뒤로는 친구도 짝도 얻지 못한 채, 거대하고 힘이 세며 무뚝뚝한 여섯 살배기 곰이 되었다.

왑의 짝을 본 사람은 아무도 없었고 왑한테 짝이 있었다고 믿는 사람도 없었다. 해마다 곰들의 짝짓기 철이 돌아오건만, 왑은 한창때에도 어릴 때와 다름없이 늘 외톨이였다.

곰이 혼자 지내는 것은 어느 모로 보나 바람직하지 않다. 왑은 힘이 세질수록 더욱 퉁명스러워졌기 때문에, 우연히 왑을 만난 사람이라면 누구나 위험한 회색곰이라고 여겼을 것이다.

　왑은 미티시 협곡으로 들어온 뒤로 쭉 그곳에서 살았는데, 왑의 이런 성격은 산에 사는 수많은 경쟁자들과 덫에 시달리면서 형성된 것이었다. 하지만 이제 왑은 그 어떤 짐승도 무섭지 않았고, 덫도 피할 줄 알았다. 왑은 톡 쏘는 쇠붙이 냄새와 사람 냄새를 항상 경계했고, 특히 여섯 살 때 덫에 걸린 뒤로는 그 위험을 확실히 알게 되었다.
　어느 날, 왑의 믿음직스러운 코가 왑에게 산 아래쪽 숲에 죽은 와피티사슴이 있다고 알려 주었다.
　바람이 불어오는 쪽으로 가 보니 큼직하고 먹음직스러운 사슴이 있었을 뿐 아니라 가장 맛있는 부분이 먹기 좋게 발라져 있었다. 실은 사람 냄새와 쇠붙이 냄새가 어렴풋이 감돌았지만 워낙 희미했고, 반면에 먹이는 너무나 먹음직스러워 보였다. 왑은 240센티미터나 되는 몸을 곧추세워서 사체 주위를 돌며 꼼꼼히 살핀 다음 조심스레 한 발을 앞으로 내디뎠다. 하지만 그 순간 왼발이 거대한 곰 덫에 걸리고 말았다. 왑은 아프고 화가 나서 미친 듯이 으르렁거리며 날뛰었다. 하지만 이번 것은 만만한 비버 덫이 아니었다.

왑은 20킬로그램이나 되는 무지막지한 곰 덫에 꼼짝없이 잡히고 말았다.

왑은 머리끝까지 화가 나서 이빨로 미친 듯이 덫을 갉았다. 그러다가 예전의 경험을 떠올렸다. 왑은 덫을 뒷다리 사이에 끼우고 뒷발로 양쪽 용수철을 하나씩 밟으며 온몸으로 내리눌렀다. 하지만 힘이 부족했다.

왑은 덫과 말뚝을 뽑아서 철커덩거리며 산으로 올라갔다. 덫에서 빠져나오려고 몇 번이나 애썼지만 헛일이었다. 그러다가 땅에서 1미터 높이로 산길 위에 가로놓인 거대한 나무줄기 앞에 이르렀다.

좋은 생각이 떠올라서 그랬는지 그저 우연이었는지는 모르겠지만, 왑은 그 나무줄기 밑에서 한 번 더 덫을 빼내 보기로 했다. 나무 밑으로 들어가 억센 어깨를 나무에 댄 채 뒷발로 두 개의 용수철을 각각 밟고 온몸의 무게를 실어 내리눌렀다. 마침내 커다란 강철 용수철이 부서지고 왑은 느슨해진 덫 주둥이 틈으로 기어이 발을 빼냈다. 왑은 다시 자유의 몸이 되었지만, 덫에 물렸을 때 반쯤 잘려 나간 큼직한 발가락 하나는 영영 잃고 말았다.

왑은 다시 아픈 상처를 치료해야 했다. 왑은 원래 왼발잡이여서 바위를 뒤집을 때는 오른발로 바닥을 짚고 왼발로 바위를 들어 올리곤 했다. 그런데 왼발을 다치는 바람에 한동안 바위나 통나무 밑에 있는 맛있는 먹이를 먹을 수 없게 되었다. 어쨌든 상처는 나았지만 왑은 이 경험을 절대로 잊지 않았고, 총 냄새는 물론이고 사람 냄새와 톡 쏘는 쇠붙이 냄새만 나도 분통을 터뜨리곤 했다.

왑은 숱한 경험을 통해 사냥꾼이 눈에 보이지는 않고 멀리서 냄새가 나거나 소리가 들리기만 할 때는 도망쳐야 하지만, 바로 눈앞에 있을 때는 물불 안 가리고 싸우는 게 낫다는 사실을 배웠다. 그리고 머지않아 목장 일꾼들도 미티시 협곡 상류가 곰의 영토이며 그 곰은 건드리지 않는 게 좋다는 사실을 알게 되었다.

3

 어느 날 왑은 오랜만에 영토 아래쪽에 들렀다가 사람들이 자기 영토에 통나무집을 지어 놓은 것을 보고 깜짝 놀랐다. 냄새를 맡으며 돌아다니던 왑은 다시금 화를 돋우는 그 냄새를 어렴풋이 맡았다. 바로 다음 순간 왑은 탕 하는 요란한 소리와 함께 그러잖아도 뻣뻣하던 왼쪽 뒷다리에 찌르는 듯한 통증을 느꼈다.
 왑이 몸을 휙 돌리자, 한 남자가 새로 지은 통나무집으로 뛰어가는 모습이 보였다. 어깨에 총을 맞았다면 어쩔 도리가 없었겠지만 이번에는 그렇지 않았다.
 쓰러진 소나무를 빗자루처럼 가볍게 내던질 수 있고 단 한 방에 목장에서 가장 큰 수소를 으스러뜨릴 수 있는 힘센 앞발, 산기슭에 박힌 넓적한 바위도 뜯어낼 수 있는 발톱. 제아무리 무서운 총이라고 해도 이것들을 당해 낼 수 있겠는가!

 그날 밤 밀러는 집으로 돌아왔다가 붉게 물든 마룻바닥에 쓰러져 있는 동료를 발견했다. 그리고 집 밖에서부터 이어진 핏자국과 문고판 소설책 뒷장에 떨리는 손으로 휘갈겨 쓴 글을 보고 무슨 일이 있었는지 짐작했다.

> 왑의 짓이야. 우물가에 있는 걸 보고 총을 쐈어. 집 안으로 피하려고
> 했지만 당했어. 세상에, 아파서 죽을 것 같아!
>
> 잭

왑의 행동은 지극히 정당했다. 잭은 왑의 영토에 침입했고 왑을 죽이려다가 자기 목숨을 잃은 것이니까 말이다. 하지만 밀러는 곰을 죽이겠다고 맹세했다.

밀러는 그날부터 왑의 자취를 따라 협곡을 올라가서는 온 숲을 헤집고 다녔다. 미끼와 덫도 놓았다. 그러던 어느 날 쿠르릉 쾅쾅 하는 소리와 함께 큼직한 바위가 산기슭에서 떨어져 숲으로 굴러갔다. 그 바람에 화들짝 놀란 사슴 두 마리가 엉겅퀴 갓털처럼 나붓나붓 뛰어갔다. 처음에 밀러는 산사태가 난 줄 알았다. 하지만 곧 왑이 고작 개미 두세 마리를 잡으려고 바위를 굴린 것임을 알았다.

밀러는 바람을 안고 있어서 냄새를 들키지 않았다. 그래서 계속 덤불에 숨어서 왑이 하는 행동을 엿보았다. 거대한 곰은 다친 왼쪽 뒷다리를 조심스레 움직이다가 새삼 통증을 느끼고 혼자 으르렁대며 화를 냈다. 밀러는 마음을 가라앉히며 생각했다.

'한 방으로 끝장내야 돼. 안 그러면 내가 당한다.'

밀러는 날카롭게 휘파람을 분 다음, 곰이 선 채로 동작을 멈추고 귀를 쫑긋 세우자 곰의 머리를 겨누어 총을 쏘았다.

하지만 곰이 텁수룩한 머리를 움직이는 바람에 총알이 살짝 빗나갔다. 밀러는 곰의 화만 돋우고 말았고, 화약 연기 때문에 숨어 있는 곳까지 들통났다. 난폭해진 회색곰은 적을 잡으려고 성한 세 다리로 성큼성큼 다가왔다.

밀러는 총을 내던지고 잽싸게 나무 위로 올라갔다. 가까이에 큰 나무라고는 그것뿐이었다. 왑은 나무에 대고 사납게 으르렁거리다가 헛수고임을 알고는 이빨과 발톱으로 나무껍질을 뜯어냈다. 하지만 밀러는 왑의 손이 닿지 않는 안전한 곳에 있었다.

회색곰은 꼬박 네 시간이나 나무를 지키다가 결국 포기하고 천천히 덤불 속으로 사라졌다. 밀러는 나무에서 회색곰이 가는 모습을 지켜보다가 곰이 정말로 가 버렸다는 확신이 들 때까지 한 시간쯤 더 기다렸다. 그러고는 땅으로 내려와 총을 집어 들고 집으로 떠났다.

하지만 왑은 영리했다. 왑은 가 버린 척했을 뿐 사실은 몰래 돌아와서 지켜보고 있었다. 왑은 사람이 나무로 돌아가기에는 너무 먼 곳에 이르렀을 때 쏜살같이 쫓아갔다. 상처를 입긴 했지만 왑은 여전히 날쌔게 움직일 수 있었다. 왑은 400미터도 못 가서 밀러가 자기를 두고 맹세했던 그대로 되갚아 주었다.

밀러의 친구들은 한참 뒤에야 밀러의 총과 그 밖의 흔적들을 발견하고 사태를 짐작했다.

사람의 발길이 뚝 끊어진 미티시의 통나무집은 허물어졌다. 불행한 저주가 내린 걸 알면서도 굳이 들어가 살 만큼 좋

은 곳도 아니었고, 무시무시한 회색곰이 언제 들이닥칠지 모르는 곳에서 살겠다는 사람은 아무도 없었기 때문이다.

4

얼마 후 미티시 협곡 상류에서 질 좋은 금이 발견되었다. 그러자 광부들이 떼거리로 몰려다니며 봉우리를 헤집고 땅을 파헤치고 개울을 들쑤셨다. 광부들 대부분은 원래 그 산에서 살던 머리가 희끗희끗한 노인이었다. 그들 자신도 차츰 회색곰을 닮아 갔다. 물론 건강에도 좋고 맛있는 나무뿌리가 아니라, 먹지도 못하는 반짝이는 노란 모래를 찾아 사방을 파헤치고 돌아다녔지만 말이다. 누구의 간섭도 받지 않고 땅을 파헤치는 것, 그것이 바로 회색곰의 소망이자 늙은 광부들의 소망이었다.

노인들은 회색곰 왑을 이해하는 것 같았다. 왑은 그들을 처음 만났을 때, 뒷다리로 선 채 작은 초록색 눈으로 사악한 빛을 쏘아 댔다.

그러자 한 노인이 동료에게 말했다.
"가만히 내버려 두면 우릴 귀찮게 하지 않을 걸세."
상대방은 초조한 듯이 대꾸했다.
"아무튼 덩치 한번 엄청나게 크구먼."

왑은 그들을 공격하려고 했지만, 뭔가가 왑을 가로막았다. 감각과 상관없는 것, 감각이 눈을 감았을 때만 느껴지는 것, 곰과 인간의 지혜보다 현명한 것, 구불구불하고 어둑한 오솔길을 가다가 갈림길 앞에서 머뭇거릴 때마다 방향을 일러 주는 것, 바로 그것이었다.

물론 왑은 사람들의 말을 알아듣지 못했지만, 이번에는 뭔가 다르다는 걸 뚜렷이 느꼈다. 사람과 쇠붙이 냄새는 났지만 부아가 치밀지도 않았고, 어린 시절의 암울한 기억들을 떠올리게 하는 톡 쏘는 냄새도 없었다.

두 노인이 꼼짝도 하지 않자, 왑은 땅을 울릴 듯이 으르렁거리며 다시 네발로 땅을 짚고는 둘을 지나쳐 갔다.

"아무튼 덩치 한번 엄청나게 크구먼."

그해 말, 왑은 또다시 붉은 코 흑곰을 만났다. 저 곰은 어쩌자고 저렇게 자꾸만 쪼그라드는 걸까! 흑곰은 이제 왑이 툭 치기만 해도 그레이불강까지 날아갈 것 같았다.

하지만 흑곰도 가만히 당하고 있지는 않았다. 흑곰은 그 땅딸막한 몸으로 숨을 헐떡이며 나무 위로 후닥닥 올라갔다. 왑은 앞다리를 뻗어 270센티미터 높이에서 갈퀴 같은 거대한 발톱으로 하얗게 반들거리는 속살이 보이도록 나무 껍질을 한 번에 쫙 찢어 땅에 닿을 만큼 길고 선명한 자국을 남겼다. 그러자 흑곰은 겁에 질려 부들부들 떨며 낑낑거렸고, 찌이익 하는 무시무시한 발톱 소리가 나무줄기를 타고 전해지자 소름 끼치는 상상에 등골이 오싹해졌다.

그런 흑곰의 모습을 보며 왑은 무슨 생각을 했을까? 오랫동안 잊고 지냈던 리틀파이니강 상류에서 겪은 일들, 먹이가 풍부한 산림 지대를 떠올렸을까?

왑은 나무 꼭대기 근처에서 덜덜 떠는 흑곰을 내버려 둔 채 발길을 돌렸다.

그러고는 딱히 이렇다 할 목표도 없이 미티시 협곡 위쪽의 계단 모양의 땅을 따라 그레이불강으로 내려갔다가, 다시 림록산 기슭을 거침없이 내달렸다. 몇 시간 뒤, 왑은 어느새 리틀파이니강 하류의 울창한 숲, 그 옛날의 나무딸기와 개미들이 있는 곳에 와 있었다.

왑은 리틀파이니강이 얼마나 살기 좋은 곳인지 잊고 있었다. 그곳은 먹이가 풍부하고, 개울을 파헤치는 광부도 경계해야 할 사냥꾼도 없고, 모기나 파리도 없었다. 또 탁 트인 양지바른 빈터와 몸을 숨길 만한 숲이 많았고, 뒤쪽에는 깎아지른 절벽이 높이 서 있어 찬 바람을 막아 주었다.

게다가 회색곰도 없었다. 그곳에 사는 회색곰이 없을 뿐만 아니라 그냥 지나가는 회색곰도 없었다. 그곳을 차지한 흑곰들은 있으나 마나 한 존재였다.

왑은 뛸 듯이 기뻐하며 들소들이 뒹굴던 곳에서 그 큰 몸뚱이를 뒹굴뒹굴 굴렸다. 그러고는 리틀파이니강의 협곡이 그레이불강의 협곡과 갈라지는 곳에 있는 한 나무를 정해, 앞다리를 쭉 뻗고 270센티미터 되는 높이에 자신의 표시를 남겨 두었다.

그 뒤로 왑은 쇼쇼니족이 사는 험한 산줄기를 따라 올라가면서 서서히 영토를 넓혀 갔다. 왑은 이따금 몇몇 흑곰들이 남긴 표시를 발견했다. 만약 둥치가 작고 죽은 나무에 표시가 새겨져 있으면 거대한 팔을 휘둘러 나무를 쓰러뜨렸고, 살아 있는 나무에 새겨져 있으면 그 위에 큼직한 발톱 자국을 뚜렷이 남겼다.

리틀파이니강 상류는 오랫동안 흑곰의 영토였기 때문에, 다람쥐들은 속이 빈 나무 대신 흑곰들이 뒤집을 수 없는 넓적한 바위 밑에 먹이를 숨겨 두었다. 그 덕분에 이곳은 왑에게는 풍요로운 땅이었다. 소나무 숲에 있는 바위 네다섯 개 중 한 개는 다람쥐의 곳간 지붕이었고, 바위를 뒤집을 때 작은 주인이 그 자리에 있으면 왑은 서슴없이 주인을 앞발로 납작 눌러 식욕을 돋우는 간식 정도로 먹어 치웠다.

그리고 왑은 가는 곳마다 표지판을 세웠다.

무단 침입자는 조심할 것!

왑은 발이 닿을 수 있는 가장 높은 곳에 표지판을 세웠다. 그 냄새와 털이 거대한 회색곰 왑의 흔적이라는 것은 누구나 알 수 있었다.

어미 곰이 살아 있었다면, 봄에는 살기 좋은 곳이 여름에는 나쁜 경우도 있다는 것을 왑한테 가르쳐 주었을 것이다. 하지만 왑은 몇 년이 지난 뒤에야 계절이 바뀌면 사는 곳도 바꾸는 게 좋다는 사실을 깨쳤다.

이른 봄에는 소와 와피티사슴이 사는 곳에서 겨우내 얼어 죽은 짐승들로 배를 실컷 채울 수 있었다. 초여름에는 카마시아와 야생 순무가 자라는 양지바른 산 중턱에서 먹이를 찾는 것이 가장 좋았고, 늦여름이면 강가의 평지를 따라 나무딸기가 주렁주렁 열렸다. 또 가을이면 잣나무 숲에서 나는 열매 덕분에 겨울을 날 수 있을 만큼 통통하게 살이 올랐다.

　그렇게 해서 왑은 해마다 영토를 넓히며 리틀파이니강과 미티시 협곡의 흑곰들을 없앴을 뿐만 아니라, 분수령을 넘어가서는 예전에 워하우스 골짜기에서 자기를 쫓아냈던 늙은 회색곰까지 죽였다.

　게다가 왑은 한번 손에 넣은 영토는 결코 내어 주지 않았다. 왑은 미티시 협곡 중류에서 목장 터를 찾고 있던 신출내기들의 야영지를 짓뭉개 버렸다. 겁을 주어 말들을 쫓아 버리고 야영지를 엉망으로 만들었다. 그래서 사람을 비롯한 모든 동물이 프랭크 봉우리에서 쇼쇼니 산줄기에 이르는 모든 지역은 엄청난 힘을 가진 왕의 영토이며, 그 왕의 이름은 미티시의 왑이라는 사실을 알게 되었다.

　정면 공격으로는 절대 쓰러뜨릴 수 없는 힘센 동물도 교묘한 꾀에는 속아 넘어가는 때가 많다. 하지만 왑은 덫에 걸려 혼났던 예전의 경험을 결코 잊지 않고 사람과 쇠붙이 냄새 근처에 얼씬도 하지 않은 덕분에 다시는 덫에 걸리지 않았다.

　이처럼 왑은 홀로 외롭게 살아가며 날마다 먹이를 찾아 바위를 자갈처럼, 거대한 나무를 성냥개비처럼 내동댕이치면서 어슬렁어슬렁 산을 돌아다녔다. 이리하여 산과 들판의 모든 짐승은 지난날 구박이나 받고 쫓겨 다니던 새끼 곰 왑을 알게 되었고, 왑이 나타나면 겁에 질려 꼬리를 감추었다. 그리고 오래전에 왑을 괴롭혔던 흑곰 때문에 다른 흑곰들이 목숨을 잃었다.

　왑이 나타나면 심술궂은 붉은스라소니는 나무로 도망쳤다. 왑은 그 나무가 말라 죽은 것이면 단숨에 내동댕이쳐 스라소니와 함께 박살 내 버렸다. 콧대 높은 야생마 무리의 우두머리조차 난생처음으로 왑에게 길을 양보하기로 했는데, 그것은 참으로 현명한 결정이었다.

 덩치 큰 잿빛 늑대와 퓨마도 왑이 나타나면 겁을 먹고 아쉽지만 갓 잡은 먹이마저 포기한 채 슬금슬금 도망쳤다. 왑이 산쑥으로 뒤덮인 강가의 평지를 어슬렁어슬렁 지나갈 때면 깜짝 놀란 영양들이 새처럼 획획 달아났다. 그러다 덩치만 컸지 세상 물정 모르는 어린 수소가 덤벼들기라도 하면, 왑은 커다란 앞발로 단번에 두개골을 으스러뜨려서 오래전 목장 암소에게 당할 뻔했던 그대로 되갚아 주었다.

 만물의 어머니 자연은 반드시 쌍둥이 잔을 준다. 하나는 쓰라린 고통이, 또 하나는 위안이 담긴 잔을. 많이 마시든 적게 마시든 둘 다 똑같은 양을 마시게 된다. 쉽게 내려갈 수 있는 산은 얼마 못 가서 다시 올라와야 하게 마련이다. 어린 시절 겪었던 가혹한 시련 덕분에 왑은 거대한 몸집을 갖게 되었다. 회색곰이 살면서 느끼는 모든 평범한 즐거움이 왑을 비켜 갔지만, 힘만은 갑절로 주어졌다.

왑은 커다란 앞발로 단번에 두개골을 으스러뜨렸다.

그렇게 해서 왑은 짝을 만나거나 친구를 사귀며 마음이 온화해질 기회를 얻지 못한 채 늘 침울하게 한 해 두 해 살아갔다. 언제든 거침없이 싸울 준비가 되어 있었지만, 온전히 혼자 있을 수 있기만을 바라며. 왑의 어두운 삶 속에 존재하는 단 하나의 강렬한 기쁨은 자신의 힘을 당할 적수가 없다는 무한한 영광뿐이었다. 적을 으스러뜨리거나 엄청난 힘으로 바위를 쪼개고 번쩍 들어올릴 때 느끼는 그 기쁨은 작지만 결코 사그라지지 않는 짜릿한 기쁨이었다.

5

 후각이 뛰어난 동물은 모든 사물에 깃든 고유한 냄새를 맡을 수 있다. 왑은 평생 동안 그 냄새들을 공부했으며, 산에서 나는 냄새 대부분이 무엇을 뜻하는지 알았다. 마치 모든 사물이 자기만의 목소리를 내는 것 같았다. 아니, 사실은 목소리보다 훨씬 나았다. 뛰어난 후각은 시각과 청각을 합친 것보다 더 많은 정보를 알아내기 때문이다. 그리고 이 무수한 목소리들은 저마다 이렇게 소리쳤다.

 "나 여기 있어."
 노간주나무 열매와 들장미 열매와 나무딸기는 저마다 부드럽고 달콤한 목소리로 소리쳤다.
 "우리 열매들이 여기 있어."
 큰 잣나무 숲은 멀리까지 들리도록 우렁찬 목소리로 "우리 잣나무들은 여기 있어." 하고 말했고, 왑이 다가가면 피니언 잣나무 열매가 좀 더 나직하고 부드러운 목소리로 "우리 피니언 잣나무 열매들은 여기 있어." 하고 속삭였다.

그리고 5월에 산들바람이 불면, 카마시아는 "카마시아, 카마시아." 하고 완벽한 화음으로 합창했다.

카마시아 꽃밭으로 들어간 왑은 카마시아 알뿌리 하나하나의 목소리를 구분할 수 있었다. 알뿌리들은 저마다 왑의 코앞에서 속닥거렸다. "큼직하고 맛있게 잘 익은 카마시아, 나 여기 있어." 하고 말하기도 하고, 조그맣고 날카로운 목소리로 "나는 질기기만 하고 아무짝에도 쓸모없는 작은 뿌리야." 하고 말하기도 했다.

가을이면 넓적하고 기름진 무당버섯들이 "나는 통통하고 영양 많은 버섯이야." 하고 소리쳤다. 또 독이 있는 광대버섯은 "나는 광대버섯이야. 날 가만히 놔둬. 안

그러면 병에 걸려." 하고 으름장을 놓았다.

또 협곡 기슭에서 자라는 예쁜 초롱꽃은 가느다란 줄기만큼 섬세하고, 우아한 푸른 꽃잎처럼 부드러운 노래를 읊조렸다. 하지만 후각이라는 문지기는 초롱꽃의 노래에는 귀를 기울이지 않았다. 왜냐하면 왑은 초롱꽃처럼 자기한테 불필요한 것에는 아무런 흥미를 느끼지 않았기 때문이다.

이렇듯 움직이는 생물과 자라나는 꽃은 물론 땅 위의 바위와 돌멩이까지 너나없이 왑의 코에 대고 자신의 이야기를 들려주고 노래를 불렀다. 큼직하고 촉촉한 왑의 코는 낮이건 밤이건, 맑은 날이건 안개 낀 날이건, 알아야 할 것들을 쏙쏙 골라서 알려 주고 몰라도 되는 것은 그냥 내버려 두었다. 그래서 왑도 점점 더 냄새에 의지하게 되었다. 왑은 눈으로 보고 귀로 들어도 코가 "그래, 맞아." 하고 말하기 전에는 믿지 않았다.

사람은 이것을 이해할 수 없다. 사람은 도시에서 사는 특권을 누리기 위해 타고난 후각을 팔아 버렸기 때문이다.

기분 좋은 냄새가 수백 가지라면 아무 흥미도 생기지 않는 냄새는 수천 가지였다. 또 불쾌한 냄새도 많았고, 화를 돋우는 냄새들도 있었다.

왑이 리틀파이니강의 협곡 꼭대기에 있을 때, 서풍은 이따금 새롭고 이상한 냄새를 몰고 왔다. 어떤 날은 그 냄새가 눈곱만큼도 거슬리지 않았지만, 어떤 날은 역겹게 느껴졌다. 하지만 왑은 절대로 그 냄새를 따라가지 않았다. 또 어떨 때는 북풍이 높은 분수령 쪽에서 아주 독한 냄새를 싣고 왔는데, 다른 어떤 냄새와도 확연히 다른 그 냄새가 풍겨 오면 오로지 달아나고 싶은 마음밖에 들지 않았다.

왑도 이제는 한창때를 넘기다 보니, 여러 번 다쳤던 뒷다리가 쑤시기 시작했다. 추운 밤을 보내거나 습기 찬 날이 계속 이어지면, 그쪽 다리를 움직이기도 어려웠다. 어느 날 왑이 다리를 절며 걷고 있는데, 서풍이 이상한 소식을 싣고 협곡 아래로 불어왔다. 왑은 그게 무슨 뜻인지 정확히 알지 못했지만 어쩐지 자기를 부르는 것 같았고, 왑의 마음도 "한번 가 봐." 하고 부추겼다.

배고픈 짐승은 음식 냄새에 끌리지만, 배부른 짐승은 음식 냄새를 역겨워한다. 우리는 그 이유를 알지 못한다. 우리가 아는 것은 몸의 필요에 따라 욕구가 생긴다는 사실뿐이다. 그래서 지금 왑처럼 몸의 필요에 따라 오랫동안 역겨워했던 냄새에 끌리기도 한다. 왑은 괜히 으르렁거리고 얼굴에 스치는 나뭇가지를 닥치는 대로 꺾으면서 산길을 어슬렁어슬렁 올라갔다.

그 이상한 냄새는 점점 지독해졌다. 냄새를 계속 따라가니 난생처음 보는 곳이 나왔다. 하얀 모래로 뒤덮인 계단 모양의 땅 위로 몸에 해로울 것 같은 물이 흘러내렸고, 안개 같은 것이 피어오르는 웅덩이가 있었다. 왑은 의심스레 코를 치켜들었다. 아주 독특한 냄새군! 왑은 하얀 계단을 밟아 올라갔다.

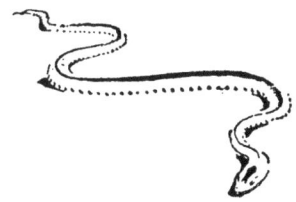

눈앞에서 뱀 한 마리가 모래 위를 사르륵사르륵 기어갔다. 왑이 앞발을 휘둘러 뱀을 으스러뜨리자 그 일격에 주변의 나무들이 부르르 떨고 아슬아슬하게 얹혀 있던 바윗돌이 쿵쾅거리며 뒹굴었다. 왑이 큰 소리로 울부짖자 멀리서 천둥이 치는 것처럼 온 골짜기가 쩌렁쩌렁 울렸다. 왑은 안개가 피어오르는 웅덩이로 다가갔다. 웅덩이에는 김을 뿜어내는 물이 가득 고여 있었다.

왑이 한 발을 담가 보니 뜨끈하고 시원한 느낌이 온몸으로 퍼졌다. 그래서 두 발을 웅덩이에 담그고 물이 넘칠 만큼 깊이 들어가 보았다. 잠시 후에는 바람을 타고 수증기가 머리 위에서 흩날리는 뜨끈뜨끈한 유황 웅덩이에 몸을 쭉 뻗고 누워, 초록빛 물속에서 흠뻑 땀을 흘렸다.

로키 산맥에는 이런 유황 온천이 많았지만, 왑의 영토에는 이것 하나뿐이었다. 왑은 한 시간도 넘게 온천 속에 누

물이 넘칠 만큼 깊이 들어가 보았다.

워 있었다. 그러다가 이만하면 됐다 싶어서 거대한 몸을 일으켜 기슭으로 올라갔다. 몸이 놀랄 만치 가뿐하고 유연해진 데다 뒷다리의 통증도 느껴지지 않았다.

왑은 몸을 흔들어 후두두 물기를 털어 냈다. 햇볕에 달구어진 널찍한 바위 턱이 어서 와서 누워 털을 말리라고 손짓했다. 하지만 왑은 우선 가장 가까운 나무를 짚고 서서 누구라도 알아볼 수 있는 표시를 남겼다.

사실 그곳에는 유황 목욕탕을 이용해 병을 치료하는 동물들의 표시가 많이 남아 있었다. 하지만 그게 무슨 상관이란 말인가? 그때부터 그 나무에는 산에 사는 모든 생물이 읽을 수 있도록 진흙과 털과 냄새라는 언어로 이런 말이 새겨졌다.

내 목욕탕이야. 얼씬도 하지 마!

왑

왑은 등이 마를 때까지 엎드려 있다가, 몸을 척 뒤집어 널찍한 등을 바닥에 대고 누워 꿈지럭거리며 땡볕에 몸을 바짝 말렸다. 그러고 나니 몸이 더할 나위 없이 가뿐했다. 왑이 '류머티즘이라는 성가신 병으로 고생했는데, 유황 목욕으로 치료했다'고 생각한 것은 아니다. 하지만 '지독하게 아팠다. 그런데 냄새가 고약한 웅덩이에 들어가 있었더니 말짱하게 나았다'는 사실은 알고 있었다. 그리고 그 뒤로 왑은 몸이 쑤실 때마다 이곳에 와서 치료를 했다.

왑의 쇠퇴기

1

세월이 흘러갔다. 왑은 더 이상 자라지 않았고 그럴 필요도 없었다. 그 대신 왑은 털이 희끗희끗해졌으며, 더욱 괴팍하고 위험스러워졌다. 왑의 영토는 매우 넓었다. 왑은 봄이 되면 자기 영토를 돌아다니며 거센 겨울바람에 지워진 자신의 표시들을 다시 새겼다. 자연히 그럴 수밖에 없었는데, 무엇보다 먹이 구하기가 힘들어서 온 영토를 돌아다녀야 했기 때문이다.

또 봄에는 진창이 많이 생겼는데, 털갈이를 하느라 피부가 몹시 가려울 때 시원하고 축축한 진흙탕에서 뒹굴면 기분이 상쾌해졌다. 그러고 나서 나무에 몸을 대고 실컷 긁을 때의 짜릿한 아픔은 왑이 가장 좋아하는 즐거움 가운데 하나였다. 그러니 이유야 어쨌든 결과는 마찬가지였다. 해마다 봄이면 왑의 표시가 새롭게 생겼으니까 말이다.

마침내 팰릿 목장의 일꾼들도 리틀파이니강 하류까지 올라와 '못생긴 늙은 곰'을 알게 되었다. 목장 일꾼들은 왑을 한번 보더니, '다른 곰은 몰라도 저 곰만큼은 방해하지 말고 내버려 두는 게 낫다'고 결정했다.

왑의 흔적과 표시는 어디에나 있었지만, 왑은 자주 보이지 않았다. 그러나 타고난 사냥꾼인 목장 주인은 왑에게 깊은 관심을 가졌다. 그는 피켓 대령한테서 늙은 곰의 이야기를 어느 정도 듣기도 했지만 대령이 아는 것보다 더 많은 사실을 스스로 알아냈다.

그는 왑의 영토가 남으로는 위긴스 분기점 상류, 북으로는 스팅킹워터강까지 뻗어 있으며 미티시 협곡에서 쇼쇼니 산줄기까지 이른다는 것도 알았다.
   그리고 왑이 곰덫에 대해서 웬만한 덫사냥꾼들보다 더 잘 안다는 사실도 알아냈다. 왑은 덫이 있으면 그냥 지나쳤다. 아니면 곰을 잡기 위해 쌓아 놓은 통나무의 한쪽을 치워 덫은 건드리지 않고 미끼만 꺼내 갔다. 우연인지 일부러 그랬는지는 알 수 없지만 가끔 그 통나무들 가운데 하나를 덫에 던져 놓기도 했다. 목장 주인은 또 해마다 여름이면 왑이 마치 겨울잠을 잘 때처럼 자기 영토에서 사라진다는 사실도 알게 되었다.

2

 현명한 정부는 오래전부터 옐로스톤강 상류를 영원한 야생 동물 보호 구역으로 지정해 놓았다. 그 덕분에 사람들이 노래 속에서나 그리던 이상향이 현실로 나타나 이 드넓고 경치 좋은 곳에서는 아무도 해를 입거나 위협받지 않았다. 사람들은 새나 짐승을 해치지 못했고 원시림에 도끼를 들이대지도 못했으며, 강물은 방앗간이나 광산에 오염되는 일 없이 평화롭게 흘러갔다. 그리하여 모든 자연은 백인들이 들어오기 전부터 내려오던 서부의 모습을 그대로 간직하고 있었다.

 야생 동물들은 이 모든 것을 금방 알아챘다. 이 울타리 없는 공원의 끝이 어디인지 알았고, 누구나 알다시피 그 신성한 영지 안에서는 또 다른 본성을 보여 주었다. 동물들은 인간과 맞닥뜨리는 것을 더 이상 꺼리지 않았고 두려워하거나 공격하지도 않았으며, 이 피난처 안에서는 자기들끼리도 훨씬 너그러워졌다.

 평화와 풍요는 이 세상에서 가장 중요한 가치이다. 그리고 이곳에 평화와 풍요가 있기에, 다른

곳에서는 볼 수 없는 수많은 야생 동물들이 공원 주변 지역에서 몰려들었다.

특히 파운틴 호텔 주변에는 곰이 많았다. 호텔에서 400미터쯤 떨어진 숲속에는 탁 트인 평지가 있었는데, 호텔 직원은 날마다 음식 찌꺼기를 그곳에 내다 버려 곰들에게 먹이를 주었다. 말하자면 호텔 직원은 곰들의 잔치를 주선하는 역할을 맡은 셈이었다.

잔치는 날마다 벌어졌고 해마다 더 많은 곰이 찾아왔다. 한 번에 열두 마리나 되는 곰이 먹이를 먹는 광경도 쉽게 볼 수 있었다. 종류도 다양해서 흑곰, 갈색곰, 적갈색곰, 회색곰, 로치백, 큰 곰과 작은 곰, 가족을 이룬 곰과 떠돌이 곰 등 온갖 곰들이 공원 주변의 드넓은 지역에서 찾아왔다.

　모두들 공원 안에서는 싸우면 안 된다는 것을 아는 듯했고, 가장 사나운 곰도 여기서는 완전히 딴판으로 행동했다. 몇십 마리 곰들이 이 선택받은 휴양지를 거닐었고, 이따금 자기들끼리 싸우기도 했지만 사람을 해친 적은 없었다.
　한 해, 두 해가 흐르는 사이에 많은 곰들이 다녀갔다. 여행자들은 우연히 그곳을 지나가다가 곰들을 보곤 했다. 호텔 사람들에게는 낯익은 곰이 많았다. 매년 여름, 호텔이 문을 여는 짧은 기간 동안 곰들이 나타났다가는 사라졌지만, 사람들은 곰들이 어디서 와서 어디로 가는지 결코 알지 못했다.

어느 날 팰릿 목장의 주인이 공원으로 여행을 갔다. 그리고 파운틴 호텔에 머무는 동안 곰들이 가장 많이 몰려드는 시간에 곰들의 잔치 마당에 가 보았다. 흑곰 몇 마리가 음식을 먹고 있었는데, 해 질 무렵 거대한 회색곰이 나타나자 자리를 비켜 주었다.

안내를 해 주던 직원이 말했다.

"저놈이 이 공원에서 가장 큰 회색곰이죠. 하지만 순해요. 사나운 놈이었다면 무슨 일이 벌어질지는 하느님만 아실 거예요."

회색곰이 다가와 잔치 마당의 소나무들 사이로 건초 더미처럼 거대한 모습을 드러내자, 목장 주인이 깜짝 놀라 소리쳤다.

"저, 저놈이 미티시의 왑이 아니라면 내 손에 장을 지지겠소! 크윽, 저놈이 빅혼 분지에서 통나무를 굴렸던 그 몹쓸 회색곰이란 말이오."

"그럴 리가 있나요? 해마다 7, 8월을 여기서 지내는 걸 보면 그렇게 먼 곳에 사는 곰 같지는 않은데요."

"음, 그렇다면 더욱 잘 맞아떨어지는군. 저놈이 목장에서 사라지는 때가 바로 7월과 8월이니까. 자세히 살펴보면, 저놈은 뒷다리를 약간 절고 왼쪽 앞발에 발톱 하나가 없을 거요. 이제 저놈이 어디서 여름을 보내는지 알았어. 한데 저 늙은 불량배가 집을 떠나 있을 때는 저렇게 얌전하다니, 정말 믿어지지 않는군."

호텔이 문을 연 뒤로 왑은 몇 년 사이에 아주 유명해졌다. 왑은 공원을 처음 찾아온 그해에 딱 한 번 못된 짓을 저질렀는데, 그것은 공원에서 동물들이 어떻게 지내는지 잘 몰랐기 때문에 일어난 일이었다.

그때 왑은 호텔 현관으로 어슬렁어슬렁 들어갔다. 그러고는 240센티미터나 되는 거대한 몸을 뒷발로 버티고 벌떡 일어섰다. 손님들이 기겁을 하며 달아나자, 왑은 사무실로 들어갔다. 사무원은 "좋아, 네가 나보다 더 이 사무실이 필요하다면 가져도 돼." 하고 말했다. 그러고는 카운터를 뛰어넘어 전보실에 들어가 문을 걸어 잠그고는 공원 관리소장에게 전보를 쳤다.

'지금 늙은 회색곰 사무실 침입. 호텔을 경영하고 싶은 모양. 총을 쏠까요?'

그러자 답신이 왔다.

'공원에서 총은 금지. 호스로 물을 뿌려 쫓아낼 것.'

호텔 직원들이 호스로 물을 뿌리자, 왑은 소스라치게 놀라 허둥지둥 카운터를 뛰어넘어 딸각거리는 발톱 소리와 쿵쿵거리는 묵직한 발소리를 울리며 뒷길로 빠져나갔다. 그리고 부엌을 지나다가 쇠고기 한 덩이를 집어 갔다.

이것이 왑이 저질렀다는 유일한 나쁜 짓이었지만, 다른 곰 때문에 평화를 깨뜨린 적도 있었다. 문제의 곰은 덩치 큰 암컷 흑곰으로, 유명한 말썽쟁이였다.

그 암곰한테는 나약하고 비열한 아들이 있었다. 어미가 그 아들을 얼마나 아끼고 사랑했던지, 아들 대신에 말썽거리를 찾으러 다닐 정도였다. 버릇없는 어린애가 늘 그렇듯이 아들 곰은 다른 동물한테 미움을 샀다.

어미 곰은 몸집이 크고 사나워서 다른 흑곰들을 곧잘 괴롭혔지만 왑한테는 어림도 없었다. 한번은 왑을 쫓아 내려다가 오히려 왑의 발끝에 살짝 얻어맞고 축구공처럼 데굴데굴 굴러갔다. 왑은 어미 곰을 쫓아가 공원의 평화를 깨뜨린 죄로 죽일 수도 있었다. 하지만 어미 곰은 나무 위로 도망쳤고, 그 나무 꼭대기에서는 가엾은 새끼 곰이 두려움에 떨며 목이 터지도록 깩깩거렸다. 그 사건은 그렇게 끝이 났다. 그 뒤로 흑곰은 왑을 피했고, 왑은 온순하고 얌전한 곰이라는 평판을 얻었다. 사람들 대부분은 왑이 외딴 산악지대에서, 총이나 덫 때문에 성격이 괴팍해지고 복수심을 키울 일이 없는 곳에서 온 줄로만 알았다.

3

비터루트산맥의 회색곰이 못된 녀석이라는 것은 누구나 알고 있었다. 비터루트산맥은 그 일대 산지에서 가장 험준한 지역이다. 곳곳에 깊은 골짜기가 패어 있고 덤불이 빽빽이 얽혀 있었다.

그곳은 말도 살 수 없었고 총잡이들도 살기 힘들었지만, 곰들이 살기 좋은 곳은 얼마든지 있었다. 그래서 수많은 곰과 수많은 덫사냥꾼이 있었다.

비터루트의 회색곰들은 '로치백'이라고 불렸는데, 교활하고 지독한 족속들이었다. 어떤 늙은 로치백은 덫에 관해서라면 어지간한 덫사냥꾼 대여섯 명의 지식을 합한 것보다 더 잘 알았고, 식물에 대해서는 식물학자들보다 훤했다.

또 언제 어디에 가면 땅벌레와 지렁이를 찾을 수 있는지도 알 만큼은 알았다. 게다가 1.5킬로미터 떨어진 곳에서 자신을 쫓아오는 사냥꾼에게 총이 있는지, 개나 독이나 덫이 있는지, 아니면 모두 다 있는지를 한 줄기 바람만으로 알아냈다. 그리고 한 가지 규칙만은 어김없이 지켰다. '무엇이든 빨리 결정짓고 끝까지 그 결정에 따르라'는 그 규칙은 사냥꾼들에게는 결코 풀 수 없는 수수께끼였다. 로치백은 덫사냥꾼과 마주치면 도망칠지 싸울지를 단숨에 정하고 총알처럼 도망치기도 하고, 사냥꾼에게 달려들어 끝까지 싸우기도 했다.

한편 배드랜드 지역의 회색곰들은 달랐다. 이 곰들은 거드름을 피우며 천둥처럼 으르렁거리곤 해서, 사냥꾼들도 치명적인 번갯불을 쏠 기회를 잡을 수 있었다. 원래 번갯불은 천둥보다 무서운 법이다.

사람들은 곰의 천둥 같은 울음소리에는 익숙해질 수 있었다. 땅을 뒤흔드는 곰의 울음소리가 다리를 타고 올라가 가슴에 울려 퍼지면 용기가 솟아나는 것이다. 하지만 곰들은 45구경 총탄에는 결코 익숙해질 수 없었고, 바로 그런 이유로 배드랜드의 회색곰들은 몰살당했다.

사냥꾼들은 비터루트의 회색곰들, 그러니까 로치백의 행동을 예측하지는 못했지만, 이들이 재빨리 행동한다는 사실은 잘 알고 있었다.

　로치백들은 백인들이 뭘 하든 아랑곳하지 않고 자기네들끼리 문제를 풀어 가며 잘 살아왔고, 따라서 험한 산맥에서도 수가 불어났다.

　물론 한 영토에 살 수 있는 곰들은 한정되어 있었고, 수가 늘어나면 나머지는 밀려나야 했다. 그래서 이마에 흰 반점이 있는 날씬하고 젊은 로치백은 자기가 바라는 영토를 차지하지 못하자, 성공을 위해 딴 곳으로 떠났다.

흰 점박이 로치백은 몸집이 작았다. 물론 몸집이 작지 않았으면 밀려나지도 않았을 것이다. 하지만 이놈은 좋은 학교에서 교육을 받은 덕분에 다른 곳에 가서도 문제없이 살 만큼 약삭빨랐다.

로치백은 일단 새먼리버산맥으로 내려가 보았지만 마음에 들지 않았다. 철조망 울타리로 둘러싸인 스네이크 평원에도 가 보았지만 거기도 적당치 않았다. 만약 동쪽으로 갔다면 공원에서 편히 지낼 수 있었겠지만, 공원 쪽 길을 택하는 행운은 일어나지 않았다. 스네이크리버산맥 쪽으로 가는 길에서는 나무딸기보다 사냥꾼을 더 많이 만났다. 로치백은 티턴산맥으로 들어가 사람들이 우글거리는 잭슨홀 골짜기를 혐오스럽게 내려다보았다. 이때만 해도 로치백은 왑의 일생을 그린 이 이야기에 등장할 이유가 없었다. 이 흰 점박이 로치백이 이 이야기에 등장하는 것은 그로반트 산맥을 지나고 윈드리버 분수령을 거쳐, 그레이불강의 발원지에 이르러 왑의 삶에 뛰어들면서부터이다.

로치백은 잭슨홀 골짜기를 떠난 뒤로 사람의 흔적을 보지 못했다. 게다가 그레이불강에는 먹잇감이 많았다. 로치백은 사시사철 온갖 맛있는 것들을 실컷 먹고, 덤불도 없고 평평한 들판을 즐겁게 거닐었다. 그러던 어느 날 왑의 표시 기둥 중 하나를 발견했다.

거기에는 "무단 침입자는 조심할 것!"이라는 뚜렷한 경고가 새겨져 있었다. 로치백은 그 나무에 몸을 기대고 서 보았다.

"맙소사! 엄청난 곰이군!"

흰 점박이 곰이 앞발을 한껏 뻗어 보았지만, 왑이 코로 표시한 자리까지는 턱없이 모자랐다. 녀석이 보통 곰이었다면 그 표시만 보고도 조용히 사라졌을 것이다. 하지만 흰 점박이 곰은 이 산지가 자신의 터전이라고 느꼈고, 큰 곰과 맞닥뜨리지만 않는다면 이곳에서 잘 살아갈 수 있을 거라고 생각했다.

흰 점박이 곰은 이곳 주인이 나타나지는 않는지 유심히 살피면서 쿵쿵거리며 돌아다니다가 맛있는 것이 나타나면 덥석덥석 먹어 치웠다.

그런데 그 심상치 않은 나무에서 한두 발짝쯤 떨어진 곳에 소나무 그루터기가 있었다. 비터루트에서는 보통 그런 그루터기 밑에 생쥐의 보금자리가 있었기 때문에, 흰 점박이 곰은 그루터기를 밀치고 밑을 살펴보았다. 하지만 아무것도 없었다.

그사이 그루터기가 데굴데굴 굴러가 왑의 표시판에

로치백은 천천히 소나무 그루터기 위에 올라섰다.

쾅 부딪쳤다. 흰 점박이 곰은 그것을 어떻게 처리해야 할지 한동안 망설였다. 그때 머릿속에서 교활한 꾀가 떠올랐다. 곰은 이쪽저쪽 두리번거리며 돼지처럼 조그만 눈으로 그루터기와 표시를 번갈아 보았다. 그러고는 나무를 등지고 천천히 소나무 그루터기 위에 올라서서 왑의 표시보다 적어도 머리 하나는 높은 곳에 자신의 표시를 새겼다.

흰 점박이 곰은 한동안 나무에 대고 등을 벅벅 문질렀다. 그런 다음 어디선가 머리와 어깨에 진흙을 바르고 돌아와서는, 아주 높은 곳에다 크고 진하게 표시를 남기고 발톱 자국까지 새겨 놓았다. 이 표시의 의미는 오직 하나뿐이었다. 엄청난 덩치의 침입자가 현재의 주인에게 도전장을 던졌고, 이 탐나는 영토를 얻기 위해서라면 두려움 없이 끝까지 싸울 준비가 되어 있다는 뜻이었다.

우연일 수도 있고 일부러 그랬을 수도 있지만, 아무튼 로치백이 뛰어내리자 그루터기는 다시 데구루루 굴러갔다. 로치백은 적이 나타날까 봐 잔뜩 긴장한 채 주위를 살펴보며 협곡 아래쪽으로 내려갔다.

얼마 지나지 않아 왑은 침입자의 흔적을 발견하고 공원 밖에 있을 때면 으레 그렇듯이 사납게 성질을 부렸다.

왑은 몇 번이고 그 곰의 흔적을 몇 킬로미터나 따라가 보았다. 하지만 작은 곰은 머리 회전만큼이나 발도 빨라서 결코 모습을 드러내지 않았다. 그리고 왑의 표시가 있는 곳을 돌아다니면서 더 높은 곳에 표시를 할 수 있는 수단이 있을 때마다 보란 듯이 뚜렷하고 강렬한 표시를 남겼다. 하지만 속임수를 쓸 만한 것이 없는 나무 근처에는 얼씬도 하지 않았고, 발을 디딜 통나무나 바위 턱이 옆에 있는 나무들만 찾아다녔다.

왑은 이내 자기 표시보다 훨씬 위에 새겨진 침입자의 표시를 발견했다. 어쩌면 자기가 질지도 모를 만큼 거대한 곰이 분명했다. 하지만 왑은 겁쟁이가 아니었다. 상대가 누구든 끝까지 싸울 작정이었다. 왑은 날마다 전투 의지를 다지며 침입자를 찾아 영토를 샅샅이 뒤졌다. 상대의 흔적은 거의 매일 발견되었고, 왑의 것보다 훨씬 더 위에 있는 표시도 점점 자주 눈에 띄었다.

이따금 왑은 바람결에 적의 냄새를 맡긴 했지만, 적의 모습은 한 번도 보지 못했다. 늙은 회색곰은 지난 몇 년 사이에 눈이 몹시 나빠져서 사물이 조금만 멀리 떨어져 있어도 똑똑히 보이지 않았던 것이다.

왑은 끊임없는 적의 위협에 불안해졌다. 이제는 젊지도 않았고 이빨과 발톱도 닳아서 뭉툭해졌기 때문이다. 게다가 예전에 입은 상처들이 다시 아파 오며 갈수록 심하게 왑을 괴롭혔다. 마음 같아서는 덩치 큰 회색곰이 몇 마리씩 덤벼도 상대할 수 있을 것 같았다. 하지만 언제든지 이 젊은 괴물과 싸울 준비를 하고 있어야 한다는 불안감이 왑의 마음을 무겁게 짓눌렀고 건강을 좀먹기 시작했다.

4

로치백은 끊임없이 조심해야 했고, 왑을 만나는 순간 죽을 게 뻔하므로 언제든 달아날 수 있도록 단단히 마음의 준비를 했다. 바람 때문에 냄새를 들키지는 않을까 덜덜 떨면서 그 거대한 곰을 몰래 지켜본 적도 수없이 많았다.

로치백은 재빨리 숲속으로 달아났다.

로치백은 뻔뻔스러운 수법으로 몇 번이나 목숨을 건졌고, 막다른 절벽으로 가로막힌 협곡 끝까지 몰린 적도 한두 번이 아니었다. 한번은 덩치 큰 왑이 들어올 수 없는 좁다란 절벽 틈으로 기어올라 간신히 도망치기도 했다. 하지만 로치백은 여전히 집요하게 나무에 표시를 남기면서 점점 영토를 넓혀 갔다.

마침내 이 곰은 유황 온천 냄새를 맡고 따라갔다. 그게 뭔지도 몰랐고 아무런 매력도 느끼지 못했지만, 그 근처에서 왑의 흔적을 발견했다. 로치백은 장난기가 발동해서 웅덩이에 흙을 뿌렸다. 또 표시가 있는 나무를 보자 바위 턱에 비스듬히 서서 왑의 표시보다 1미터나 높은 곳에 자신의 표시를 남겼다. 그러고는 바위에서 허겁지겁 뛰어내려 날카로운 눈으로 망을 보면서 온천 여기저기를 더럽히는데, 아래쪽 숲속에서 무슨 소리가 들렸다. 순간 로치백은 바짝 긴장해서 경계 태세를 취했다. 소리는 점점 가까워졌고, 바람결에 확실한 냄새가 실려 오자 로치백은 공포에 질려서 재빨리 숲속으로 달아났다.

냄새의 주인공은 바로 왑이었다. 왑은 요즘 들어 부쩍 건강이 나빠졌다. 해묵은 상처가 도져서 뒷다리뿐만 아니라 총알 두 개가 박혀 있는 오른쪽 어깨도 쑤셨다. 왑은 통증 때문에 제대로 쓰지 못하는 다리를 절룩거리며 자주 찾는 온천 기슭으로 올라왔다가 적의 냄새를 맡았다. 진흙탕 속에 남아 있는 흔적도 보았다. 사실은 작은 곰의 흔적이었지만 왑의 눈은 이제 침침했고, 언제나 눈보다 더 믿음직했던 코는 이렇게 말했다.

"이것은 거대한 침입자의 흔적이야."

다음 순간 왑은 자신의 표시가 새겨진 나무를 보았다. 자신의 표시보다 한참 위쪽에 침입자의 표시가 새겨져 있었다. 눈으로도 코로도 알 수 있었다. 또 적은 손에 잡힐 듯 가까이 있으며 언제든 나타날 수 있다는 사실도 알 수 있었다.

왑은 온몸이 쑤시고 기운이 없었다. 죽을힘을 다해 싸울 마음도 생기지 않았다. 그런 강적과 싸우는 것은 미친 짓이었다. 그래서 왑은 온천에 몸을 담그지도 않고 낯선 곰이 있는 쪽을 뒤로하고 층층 바위를 따라 어기적거리며 떠났다. 어린 시절 이후로 싸움을 포기한 것은 이때가 처음이었다.

그것이 왑에게는 삶의 전환점이었다. 왑이 낯선 곰의 흔적을 따라 50미터만 갔더라면, 덫처럼 사방이 꽉 막힌 빈터의 통나무 뒤에서 잔뜩 웅크린 채 겁에 질려 덜덜 떨고 있는 그 조그맣고 불쌍한 겁쟁이를 발견하고 단번에 짓이겨 버렸을 것이다.

목욕이라도 했다면 왑은 힘과 용기를 되찾았을 것이다. 아니, 적을 만나기만 했어도 왑의 삶은 달라졌을 것이다. 하지만 왑은 돌아섰다. 그것이 삶의 갈림길이었지만, 왑으로서는 그것을 알 도리가 없었다.

왑은 쇼쇼니 산줄기 아래를 빙 둘러 절룩거리며 걸어갔다. 그러다가 오래전부터 알고는 있었지만 따라가 본 적도 없고 무엇인지 알지도 못하는 역겨운 냄새를 맡았다. 그 냄새가 길을 가로막자, 왑은 그 냄새를 따라가 해골과 시커먼

물체들이 사방에 흩어진 작고 황량한 골짜기에 이르렀다. 왑은 그곳을 지나면서 여러 동물들의 냄새를 맡았다. 그 동물들은 나무 한 그루, 풀 한 포기 자라지 않는 골짜기 안에 죽어 있었다.

골짜기 위쪽 끝에 있는 바위 틈새로 해로운 가스가 흘러나왔다. 형체도 없는 무거운 가스는 작은 골짜기를 독약이 든 사발처럼 가득 채우고 아래쪽으로 끊임없이 흘러내렸다. 바위틈에서 흘러나오는 공기를 들이마시자, 왑은 머리가 어질어질하면서 졸음이 쏟아지고 속이 메스꺼웠다. 그래서 얼른 거기서 도망쳐 나와 소나무 향기가 섞인 바람을 다시 반갑게 들이마셨다.

한번 물러서기로 결심하자, 물러서는 일은 점점 더 쉬워졌다. 그 결과 재앙이 갑절로 늘어났다. 그 거대한 낯선 곰에게 유황 온천을 넘겨준 뒤로 왑은 그곳에 발을 들여놓지 않는 게 좋겠다고 생각했다.

적의 흔적과 마주칠 때 가끔은 예전의 용기가 불끈 솟기도 했다. 그래서 예전처럼 천둥 같은 소리로 으르렁거리면서 아픈 다리를 이끌고 당장에라도 온천을 되찾을 것처럼 적의 흔적을 쫓아가곤 했다. 하지만 왑은 신비에 싸인 거대한 곰을 한 번도 따라잡지 못했고, 치료를 못 해서 점점 심해지는 관절염 때문에 뛰거나 싸우는 일이 하루가 다르게 힘들어졌다.

　이따금 왑은 싸움에 불리한 곳에 있을 때 적이 다가오는 것을 느꼈다. 그럴 때면 완전히 도망치지는 않아도 자기한테 유리한 장소에서 싸웠으면 하는 마음에 다른 곳으로 자리를 옮기곤 했다. 하지만 왑이 유리한 장소에 있을 때는 결코 적이 다가오지 않았다. 알다시피 기다리는 쪽에 승산이 있기 때문이다.

　몹시 아픈 날이면 왑은 싸울 엄두도 내지 못했다. 그리고 몸이 괜찮거나 좀 나아진 듯싶은 날에는 낯선 곰이 얼씬도 하지 않았다.

　이윽고 왑은 낯선 침입자의 흔적이 자주 보이는 곳은 먹이가 가장 풍부한 워하우스 골짜기와 리틀파이니강 서쪽 비탈이라는 것을 알았다. 그래서 몸 상태가 나빠 싸울 마음이 들지 않을 때는 으레 이곳들을 피해 다녔고, 나중에는 늘 몸이 안 좋았기 때문에 결국 가장 좋은 영토는 낯선 곰에게 뺏긴 것이나 다름없었다.

다시 몇 주가 흘렀다. 왑은 온천으로 돌아가고 싶었지만 그럴 수가 없었다. 통증이 점점 더 심해졌다. 이제는 뒷다리뿐만 아니라 오른쪽 어깨도 결렸다.

왑은 오랫동안 긴장하며 싸움을 기다린 탓에 불안감에 시달렸다. 불안감은 점점 부풀어 올라 두려움이 되었고, 차츰 힘이 빠지면서 용기까지 사그라졌다. 용기란 힘에 바탕을 둔 것이므로 당연한 결과였다. 이제 왑은 침입자를 찾아내서 싸우는 것이 아니라 몸이 나을 때까지 침입자를 피해 다니는 데 날마다 온 신경을 기울였다.

그렇게 해서 처음에는 한 발짝 물러섰다가 갈수록 더 멀리 물러서게 되었다. 왑은 적과 마주치지 않으려고 자꾸만 리틀파이니강 아래쪽으로 내려갔다. 먹는 양이 날마다 줄어들었고, 몇 주 뒤에는 적을 으스러뜨릴 힘까지 잃고 말았다.

결국 왑은 리틀파이니강 하류에서 숨어 지냈다. 지난날 어미 곰이 왑과 형제들을 데리고 갔던 바로 그곳이었다. 왑은 그 어둡던 나날들과 비슷한 삶을 살아갔다. 아마 똑같은 이유 때문이었을 것이다. 왑한테 가족이 있었다면 모든 것이 달라졌을지도 모른다.

어느 날 아침, 왑은 먹이를 찾아 절룩거리며 메마른 사시나무 숲을 돌아다녔다. 왑은 기껏해야 식물 뿌리 몇 개와 다람쥐나 들꿩조차 거들떠보지 않는 벌레 먹은 호자덩굴 열매로 끼니를 때웠다. 그런데 문득 서쪽 비탈에서 돌멩이 하나가 숲 쪽으로 또르르 굴러오는 소리가 들리더니 잠시 후 섬뜩한 낌새가 느껴졌다.

왑은 지난날 훌쩍훌쩍 뛰어 건너던 얼음처럼 싸늘한 리틀파이니강을 어기적어기적 걸어갔다. 싸늘한 물속을 걷자, 숨이 끊어질 듯한 고통이 커다란 털북숭이 다리를 타고 올라와 뼛속으로 스며들었다. 왑은 다시 물러나고 있었다. 이제 어느 쪽으로 가야 하나? 길은 하나밖에 없는 것 같았다. 새로운 목장 주인의 집 쪽으로 가는 길이었다.

하지만 왑이 사람들한테 들킬 만큼 가까이 가기도 전에

목장 집 주위가 술렁거리는 것 같았다. 왑의 진실한 친구인 코가 말했다. "돌아가. 산으로 돌아가." 그래서 왑은 무서운 적이 있을지도 모르는 산 쪽으로 발길을 돌렸다.

왑은 골짜기와 나무들 사이로 몸을 숨기면서 리틀파이니 강의 북쪽 기슭을 따라 절룩절룩 고통스러운 걸음을 옮겼다. 예전에는 너끈히 뛰어오를 수 있던 절벽도 이제는 겨우겨우 기어올랐다. 그나마 반쯤 올라갔을 때 발 디딘 자리가 무너져 바닥까지 굴러떨어지는 바람에 하는 수 없이 멀리 돌아가야 했다. 어쨌든 여기서 멈출 수는 없었기 때문이다. 하지만 어디로 가야 한단 말인가. 이제는 그 무시무시

한 낯선 곰에게 영토를 고스란히 넘겨주는 수밖에 없었다.

왑은 곰이 느낄 수 있는 최대의 절망감과 패배감을 맛보았다. 그리고 도저히 대적할 수 없을 만큼 강한 곰 때문에 마침내 왕좌에서 밀려나고 자신의 오랜 영토에서 쫓겨난다고 생각했다. 그래서 왑은 서쪽 갈림길로 들어섰고, 그것으로 운명이 결정되었다.

한때는 힘이 넘치던 왑도 이제 기운이 빠졌고 움직임도 굼떴다. 왑은 익숙한 산등성이를 예전보다 세 배는 더디게 올랐고, 그사이에도 혹시 누가 쫓아오지는 않나 싶어서 이따금 뒤를 힐끔거렸다. 샛길을 따라 끝까지 올라가면 황량하고 험준한 쇼쇼니 산줄기가 나타난다. 거기에는 적이 없었고, 그 너머에는 공원이 있었다.

왑은 걸음을 멈출 수 없었다. 후들거리는 다리로 더듬더듬 산을 오르는데, '죽음의 골짜기'에서 불어오는 냄새가 서풍에 실려 왔다. 생물도 살 수 없고, 치명적일 만큼 위험한 공기가 떠도는 그 작은 골짜기의 냄새가.

예전에는 역겨워서 달아나고 싶었던 그 냄새가 지금은 자기를

왑은 골짜기 입구에서 잠시 걸음을 멈추었다.

부르며 뭔가를 말하는 것 같았다. 그 골짜기는 지금 가려는 방향에 있었기 때문에, 왑은 냄새를 따라 절룩거리며 천천히 나아갔다. 그리고 드디어 골짜기 입구의 바위 턱에 올라섰다. 콘도르 한 마리가 희생양들 중 하나를 먹어 치우려고 내려앉았다가 먹이는 입에 대지도 못하고 서서히 잠에 빠져들고 있었다.

왑은 바람결에 길고 하얀 수염을 흩날리며 희끗희끗한 커다란 주둥이를 이리저리 흔들었다. 한때 몹시 싫어하던 그 냄새가 지금은 좋았다. 공기는 이상하게 톡톡 쏘는 듯했다. 왑의 몸이 이 공기를 간절히 원했다. 이곳의 공기는 왑이 처음 이곳을 지나던 날처럼 고통을 덜어 주고 깊은 잠 속으로 이끄는 것 같았다.

저 아래 땅은 왼쪽으로도 오른쪽으로도, 눈길 닿는 곳 모두가 한때는 왑의 거대한 왕국이었다. 왑이 강한 힘으로 오랜 세월 영광을 누리며 살던 곳, 아무도 감히 왑과 대적하지 못하던 곳, 그 모든 곳이 더할 나위 없이 아름다웠다. 그때는 그 아름다움을 알지 못했다. 왑은 오로지 그곳이 살기 좋은 곳이라고만 생각했다. 그리고 한때 자신의 땅이던

저곳은 자신의 힘이 사라질 때 함께 사라졌다는 것, 자신은 지금 평화롭게 쉴 곳을 찾아 도망치고 있다는 것만 알고 있었다.

쇼쇼니 산줄기 위쪽에는 공원으로 가는 길이 있었다. 하지만 그곳은 까마득히 멀었고, 그 여행 끝에 어떤 일이 기다리고 있을지, 자신이 그 여행을 무사히 마칠 수 있을지도 짐작할 수 없었다. 그렇게 멀리까지 가야 할 필요가 있을까? 이 작은 골짜기에는 왑이 찾던 모든 것이 있었다. 여기에는 고통 없는 잠과 평화가 있었던 것이다. 왑은 그것을 알고 있었다. 결코 틀리는 법이 없는 자신의 코가 "여기야! 바로 여기!"라고 말했다.

왑이 골짜기 입구에서 잠시 걸음을 멈추고 가만히 서 있자, 바람에 날리는 가스가 조금씩 힘을 발휘하기 시작했다. 평생 자신에게 충실했던 다섯 개의 문지기들 중에서도 특히 가장 훌륭하고 믿음직스럽던 감각이 오랫동안 닫아 놓았던 문을 활짝 열어젖혔다. 왑은 여전히 미심쩍어하며 서 있었다. 평생 자신을 이끌어 주던 감각이 이제 그 지위를 버리고 침묵을 지키는 가운데 마음속에서 다른 감각이 느껴졌다.

야생 동물들의 수호천사가 작은 골짜기에서 손을 흔들며 서 있었다. 왑은 이해하지 못했다. 왑은 수호천사의 눈에 어린 눈물도, 입가에 뚜렷이 떠오른 안쓰러운 미소도 볼 수 없었다. 천사의 형체조차 보이지 않았다. 하지만 천사가 자꾸만 손짓하는 것이 느껴졌다.

회색곰의 메마른 가슴속에서 예전의 용기가 솟구쳤다. 왑은 길을 벗어나 작은 골짜기로 들어섰다. 독가스가 왑의 넓은 가슴을 가득 채우고 우람하고 위엄 있는 사지를 송곳처럼 찌를 때, 왑은 풀 한 포기 없는 바위투성이 바닥에 누워서 오래전 그레이불강 가에서 어미 곰의 품속에서 잠들던 그날처럼 아늑한 잠 속으로 빠져들었다.

SNAP
The Story of a Bull-terrier
용맹한 개 스냅

1

 내가 스냅을 처음 만난 것은 핼러윈* 날이 저물 무렵이었다. 그날 아침 일찍 나는 대학 시절 친구 잭한테서 이런 전보를 받았다.

 "서로를 잊지 않기 위해. 진귀한 강아지를 보내네. 정중히 대해 주게. 그래야 안전할 테니."

 잭은 시한폭탄이나 사나운 스컹크를 보내고도 강아지를 보냈다고 할 친구였다. 그래서 나는 호기심을 안고 선물 바구니를 기다렸다. 마침내 도착한 선물 상자에는 '위험'이라고 씌어 있었고, 살짝만 건드려도 날카롭게 으르렁거리는 소리가 새어 나왔다.

---

* 10월 31일로, 서양의 연중행사 가운데 하나. 호박으로 등을 만들어 불을 밝히고, 아이들이 사탕 등을 얻으러 집집이 돌아다니는 풍습이 있다.

　마치 새끼 호랑이라도 들어 있는 것 같았는데, 철망 안을 들여다보니 조그맣고 하얀 불테리어가 보였다. 하얀 강아지는 나를 물려고 했다. 태도가 거칠거나 너무 가까이 다가오거나 하는 식으로 자기한테 깍듯하게 굴지 않으면 누구든, 아니 뭐든지 물려고 들었다. 녀석은 짜증스러울 만큼 사납게 으르렁댔다. 개들이 으르렁거리는 소리에는 두 종류가 있다. 하나는 가슴속에서 울려 나오는 듯한 낮고 굵은 소리이다. 그것은 점잖은 경고이며, 정중한 대응이다. 또 하나는 입에서 나오는 듯한 훨씬 높고 날카로운 소리로, 이것은 진짜로 공격을 하기 전에 보내는 마지막 경고였다.

　나는 개를 키워 봤기 때문에 개에 관해서라면 뭐든 훤히 안다고 자부했다. 그래서 짐꾼을 보낸 뒤, 우리 회사의 자랑거리인 만능 도구, 그러니까 주머니칼 겸 이쑤시개 겸 망치 겸 손도끼 겸 부삽으로 철망을 들어 올렸다. 아, 그렇다. 나는 개에 관해서는 모르는 게 없었다. 그 조그맣고 사나운 짐승은 도구가 달그락거릴 때마다 사납게 으르렁댔고, 내가 상자를 옆으로 눕히자마자 내 다리를 물려고 달려들었다. 철망에 녀석의 발이 끼였으니 망정이지 까딱했으면 호되게 물렸을 것이다. 녀석은 장난치려는 게 아니었다. 나는 강아지를 피해 탁자 위로 올라가서 녀석을 설득하려고 했다.

　나는 사람이 동물과 이야기를 나눌 수 있다고 믿었다. 동물들은 사람의 말을 이해하지는 못하더라도 어느 정도 짐작할 수는 있다. 하지만 이 개는 나를 위선자로 여겼는지 내가 다가가려고 해도 코웃음만 쳤다. 처음에 녀석은 탁자 밑을 차지하고 빙글빙글 돌면서 내가 다리를 밑으로 늘어뜨리는지 감시했다. 나는 눈빛으로 녀석의 기를 팍 꺾을 자신이 있었지만, 이런 상황에서는 눈빛을 쓸 수가 없었다. 그 덕분에 나는 계속 죄수 신세였다.

　내 칭찬을 하자면, 나는 아주 침착한 사람이다. 사실 나는 철물 회사의 대표다. 그리고 침착하기로 따지자면, 옷을 파는 수다스러운 사내들 말고는 아무도 철물 회사 사람을 이길 수 없다. 나는 탁자 위에서 책상다리를 하고 앉아 담배 한 대를 꺼내 물었다. 그동안 나의 작은 폭군은 탁자 밑에서 내 다리를 감시하고 있었다. 나는 전보를 꺼내 다시 읽어 보았다.

　"진귀한 강아지를 보내네. 정중히 대해 주게. 그래야 안전할 테니."

 하지만 정중한 것보다는 침착했던 것이 효과가 있었던 모양이다. 30분이 지나자 마침내 으르렁거리는 소리가 멎었다. 한 시간 뒤, 나는 강아지 기분이 어떤지 보려고 탁자 밖으로 신문을 슬그머니 내밀어 보았는데, 녀석은 물려고 뛰어오르지 않았다. 상자에 갇혀 있을 때 쌓인 울분이 이제 풀린 것이리라. 그리고 내가 세 번째 담배에 불을 붙일 즈음, 불테리어는 난롯가로 느릿느릿 걸어가 드러누웠다. 하지만 나 따위는 안중에 없다는 듯이 무례하게 굴지는 않았기 때문에, 나도 기분이 상하지 않았다.

 불테리어는 곁눈으로 나를 계속 감시했고, 나는 두 눈으로 녀석의 짤막한 꼬리를 주시했다. 그 꼬리가 살랑살랑 흔들리기만 한다면 승리는 분명히 내 것이었다. 하지만 녀석은 꼬리를 흔들지 않았다. 나는 책 한 권을 잽싸게 꺼내 들고는 다시 탁자 위로 올라갔다. 그러고는 발이 저리고 난로의 불길이 수그러들 때까지 책을 읽었다.

 10시쯤 되자 방 안이 선득해졌고, 10시 반에는 불이 꺼졌다. 나의 핼러윈 선물은 난롯가에서 일어나 하품을 쩌억 하고는 온몸을 쭉 뻗더니, 침대 밑으로 들어가 모피 깔개 위에 누웠다. 나는 탁자에서 내려와 살금살금 서랍장을 지나 벽난로 선반 쪽으로 가서 침대 앞에 이르렀다. 그러고는 소리 죽여 옷을 벗고는 주인님의 눈밖에 나지 않도록 조심히 침대에 들어갔다. 잠이 안 와서 뒤척이는데, 뭔가가 살며시 기어오르는 소리가 나더니 이윽고 침대를 '꾹꾹' 밟으며 내 발과 다리 위를 지나가는 느낌이 들었다. 침대 밑이 너무 추워서 우리 집에서 가장 따뜻하고 포근한 자리를 차지하러 온 게 분명했다.

하필이면 스냅이 내 발 위에 자리를 잡는 바람에, 나는 너무 불편해서 어떻게든 발을 빼내려고 했다. 하지만 내가 발끝만 까딱해도 녀석이 어찌나 사납게 물어뜯던지, 두꺼운 모직 이불이 아니었다면 내 발가락은 잘려 나가고 말았을 것이다.

나는 한 시간 동안 발을 눈곱만큼씩 움직인 끝에 가까스로 편히 잘 수 있었다. 하지만 스냅이 성을 내며 으르렁거리는 바람에 밤중에 몇 번이나 잠을 깼다. 아마 내가 허락도 없이 감히 발가락을 까딱하려 들었기 때문이리라. 한번은 내 코 고는 소리 때문이었던 것 같기도 하지만.

아침이 되어 나는 일어나고 싶었지만 스냅이 일어나지 않았다. 여러분도 알다시피 나는 그 녀석을 진저 스냅*, 줄여서 스냅이라고 부르기로 했다. 이름을 짓기 힘든 개도 있

---

* 진저는 활기차다는 뜻이고, 스냅은 꽉 깨문다는 뜻이다.

지만, 그렇지 않은 개들도 있게 마련이다. 그런 개들은 제 스스로 이름을 짓는다.

나는 7시에 일어나려고 했다. 하지만 스냅은 8시까지 일어나지 않았다. 그래서 우리는 8시에 일어났다. 스냅은 불을 피우는 나를 잠자코 바라보았다. 그리고 내가 탁자 위에 올라가지 않고 옷을 갈아입는 것을 허락해 주었다.

나는 아침을 먹으러 방을 나가며 이렇게 말했다.

"이봐, 스냅. 너를 때려서 길들일 수도 있지만 나한테 더 좋은 계획이 있단다. 요즘 의사들은 '아침 식사 거르기 처방'을 좋아하거든. 나도 그 방법을 써 볼 참이야."

잔인한 것 같긴 했지만 나는 스냅을 종일토록 굶겼다. 스냅이 문을 긁어 대는 바람에 페인트칠을 다시 해야 했지만, 밤이 되자 스냅은 내가 주는 얼마 안 되는 음식을 기꺼이 받아먹었다.

일주일이 지나자 우리는 아주 친해졌다. 스냅과 나는 침대에서 함께 잤고 내가 발을 치워도 사납게 물지 않았다. 아침 식사 거르기 처방은 효과 만점이었다. 석 달이 지나자 우리는 '사람과 개'로 굳게 맺어져 있었고, 스냅은 친구의 전보 내용이 결코 허풍이 아니었음을 확실히 증명해 보였다.

스냅은 겁이 없었다. 저보다 작은 개가 다가오면 거들떠보지도 않았고, 몸집이 저만 한 개가 다가오면 짤막한 꼬리를 빳빳이 치켜들고 주위를 맴돌면서 가소롭다는 듯이 뒷다리로 땅을 파헤쳤다. 상대한테는 눈길도 주지 않은 채 줄곧 하늘이나 먼 곳 또는 땅바닥만 보면서 말이다. 스냅은 이따금 높고 날카롭게 으르렁거려서 자기의 존재를 알릴 뿐, 요란스레 떠들지도 않았다. 하지만 낯선 개가 당장 물러가지 않으면 싸움이 벌어졌고, 그러면 대개 그 개가 허둥지둥 내빼곤 했다. 스냅도 가끔 질 때가 있었지만 아무리 쓰라린 패배를 당해도 결코 몸을 사리지 않았다.

한번은 개 전시회 기간에 합승 마차를 타고 가다가 코끼리만 한 세인트버나드가 산책을 하는 것을 보았다. 세인트버나드의 거대한 체구가 무척 흥미로웠던지 이 작은 강아지는 마차 창문으로 뛰어내려 싸움을 걸었고, 결국 다리가 부러지고 말았다.

스냅.

스냅은 겁이란 게 아예 없었다. 아무래도 겁이 있어야 할 자리에 대신 활기가 들어찬 게 분명했다. 이름도 진저 스냅이 아닌가. 스냅은 어떤 개와도 달랐다. 예를 들어 사내아이가 돌을 던지면 도망은커녕 그 아이를 쫓아갔고, 그 아이가 또다시 돌을 던지면 자기 나름의 방식으로 처벌했다. 그렇게 해서 스냅은 아무에게도 무시당하지 않았다. 스냅의 장점을 아는 사람은 나와 사무실 수위뿐이었고, 스냅도 오직 우리한테만 우정이라는 최고의 명예를 베풀어 주는 듯했다. 나는 한 달, 두 달이 지나면서 그 사실에 더욱 감사했다. 그리고 한여름이 되자 카네기, 밴더빌트, 애스터*의 재산을 다 준다고 해도 내 작은 개 스냅의 다리 한쪽도 넘겨줄 수 없다고 생각하게 되었다.

2

나는 정기적으로 여행을 다니지는 않았지만, 어쩌다 보니 가을 출장을 떠나게 되었다. 그래서 불행히도 하숙집 여주인과 스냅은 단둘이 남게 되었다. 스냅은 하숙집 여주인을 깔보았고 여주인은 스냅을 무서워했으며, 둘 다 서로를

---

* 세 사람 모두 미국의 유명한 사업가이다.

미워했다.

나는 북쪽에 있는 여러 주를 돌아다니며 철조망 울타리를 설치했다. 나는 일주일에 한 번씩 편지를 받았고, 하숙집 여주인은 스냅에 대한 몇 가지 불만을 털어놓았다.

나는 노스다코타주의 멘도자에 도착해서 철조망을 많이 팔 수 있을 만한 곳을 발견했다. 물론 나는 큰 상점 주인들과 거래를 했지만, 실제 목장 주인들에게 여러 종류의 철조망을 보여 주고 그들의 생각을 듣기 위해서 여러 곳을 돌아다녔다. 그러다가 펜루프 목장의 일꾼들을 만나게 되었다.

이 무렵에는 목장 지대에 오래 머물지 않는 사람도 늑대가 얼마나 교활하고 파괴적으로 약탈 행위를 저지르는지 소문을 자주 들을 수 있었다. 늑대들이 독약을 먹고 무더기로 죽던 시절은 이미 지나갔고, 이제는 목장 주인들에게 큰 손해를 입히고 있었다. 펜루프 형제도 대부분의 현대적인 목축업자들처럼 독약과 덫으로 늑대를 잡으려는 생각을 단념하고, 늑대 사냥개를 비롯한 각종 개들을 이용해서 사냥할 궁리를 했다. 사냥도 즐기고 골칫거리도 없앨 수 있기를 바라면서 말이다.

폭스하운드는 실패작이었다. 그 개들은 싸움에 너무 약했다. 그레이트데인도 싸움이 서툴렀고 그레이하운드는 눈에 보이는 사냥감만 쫓아갈 수 있었다. 개들마다 결정적인 약점이 있었지만, 목장 일꾼들은 여러 종류의 개를 한꺼번에 쓰면 성공하지 않을까 기대했다. 나는 멘도자의 늑대 사냥에 초대받은 날, 다양한 사냥개들을 흥미롭게 구경했다. 잡종 개 대여섯 마리와 혈통이 좋은 개 두세 마리, 또 돈을 많이 들였음 직한 러시아 늑대 사냥개 보르조이도 몇 마리 있었다.

 맏형인 힐턴 펜루프는 '사냥개들의 주인'으로, 자기 개들을 매우 자랑스러워했고 그 개들이 늑대를 멋지게 해치우리라고 믿었다.

 "그레이하운드들은 늑대와 싸우기엔 너무 말랐고 그레이트데인은 느려 터졌지만, 보르조이들이 나서면 늑대 털이 날리는 걸 볼 수 있을 거요."

그렇게 해서 그레이하운드들이 늑대를 추격하고 그레이트데인들이 뒤를 든든하게 받쳐 주는 가운데, 보르조이들이 중요한 결전을 맡았다. 코가 예민한 폭스하운드도 두세 마리 있었는데, 이 개들은 사냥감이 보이지 않을 때 냄새를 쫓아가는 역할이었다.

10월의 어느 날 우리는 바위 언덕이 드문드문 솟은 경치 좋은 배드랜드*에서 말을 달렸다. 날씨는 화창하고 상쾌했으며, 늦가을이긴 했지만 눈이나 서리는 내리지 않았다. 말들도 기운이 펄펄 넘쳤다. 그 덕분에 나는 어떻게 하면 말에서 떨어질 수 있는지 몸소 겪기도 했다.

개들은 발자국을 열심히 따라갔다. 우리는 들판에서 한두 개의 잿빛 점을 발견하고 쫓아갔는데, 힐턴은 그것이 늑대나 코요테일 거라고 했다. 개들은 잿빛 점을 맹렬하게 추격했다. 하지만 막상 밤이 되자, 어깨에 상처를 입은 그레이하운드 말고는 늑대 사냥에 나선 듯한 개는 한 마리도 없었다.

힐턴의 동생 가빈이 비아냥거렸다.

"형이 아끼는 보르조이도 말짱 헛것이구먼. 형의 그 잘난 사냥개들보다는 차라리 저 작고 새까만 그레이트데인 잡종

---

* 심한 침식 작용으로 가파른 바위산이 수없이 많이 생겨난 험한 지형.

이 낫겠어."

그러자 힐턴은 약이 바싹 올랐다.

"야, 웃기지 마. 그레이하운드는 결코 늑대나 코요테를 놓치지 않아. 폭스하운드는 사흘이 지난 발자취도 따라갈 수 있고, 그레이트데인은 회색곰도 이길 수 있다고."

두 형제의 아버지 펜루프 씨가 말했다.

"아마 우리 개들은 빨리 달리고 냄새도 잘 맡고 회색곰도 잡을 수 있겠지. 하지만 개들이 늑대를 잡기 싫은 모양이구나. 죄다 겁쟁이들이야. 녀석들이 제 몫을 할 수 있을지 걱정이군."

사람들이 투덜거리며 토론하는 동안 나는 말을 몰아 그 자리를 떠났다.

내 생각에 늑대 사냥에 성공하는 방법은 오직 하나뿐이었다. 사냥개들은 빠르고 튼튼했지만 늑대를 두려워했다. 감히 늑대와 맞서 싸울 배짱이 없는 것이다. 그래서 나는 늑대가 달아날 때마다 지난해부터 나와 한 침대에서 지내는 그 겁 없는 조그만 개를 떠올렸다. 그 녀석이 여기 있다면 얼마나 좋을까. 그러면 덩치만 크고 어수룩한 이 사냥개들한테도 지도자가 생길 텐데. 아무리 힘들어도 결코 배짱을 잃지 않는 지도자가.

다음 목적지인 바로카에서 나는 우편물을 한 묶음 받았는데, 그중에는 하숙집 여주인이 보낸 편지도 두 통 있었다. 첫 번째 편지에는 '그 사나운 개가 내 방에서 제멋대로 괘씸한 짓을 하고 있다'고 씌어 있었고, 다음 편지에는 당장에 스냅을 데려가라는 강력한 요청이 담겨 있었다.

그러자 내 머릿속에 이런 생각이 떠올랐다.

'스냅을 급행 열차에 태워 멘도자에 데려와서 안 될 건 뭐야? 스무 시간이면 도착할 텐데. 펜루프 씨 가족도 스냅이 오면 좋아할 거야. 일이 다 끝나면 스냅을 데리고 가면 되잖아.'

3

오랜만에 만난 진저 스냅은 처음 만났을 때와 크게 다르지 않았다. 스냅은 펄쩍 뛰어올라 나를 물려는 시늉을 하면서 계속 으르렁거렸다. 하지만 가슴 깊은 곳에서 울려 나오는 소리로 으르렁거렸고, 꼬리도 세차게 흔들었다.

펜루프 씨 가족은 내가 머무르는 동안에도 수없이 늑대 사냥에 나섰지만, 별반 소득이 없어서 진저리를 내고 있었다. 개들은 사냥을 나갈 때마다 늑대를 발견하고도 죽이지는 못했다. 우리는 그 까닭을 밝히지 못했다. 개들과 늑대는 우리가 가까이 다가갈 수 없는 곳에서 결전을 벌였기 때문이다.

펜루프 노인은 스냅을 보더니 "산토끼같이 겁 많고 한심한 녀석들과는 다르구먼." 하며 만족스러워했다.

이튿날 새벽 우리는 길을 나섰다. 전과 다름없이 좋은 말과 뛰어난 사냥꾼들의 행렬이 이어졌다. 덩치 큰 푸른 개, 누런 개, 점박이 개들도 여전히 따라왔다. 하지만 이번에는 신입 사냥개가 한 마리 있었는데, 바로 내 옆에 바짝 붙어 다니는 조그맣고 하얀 개였다. 스냅한테 너무 가까이 다가가면 개들뿐 아니라 말들도 녀석의 이빨에 된통 당하기 일쑤였다. 스냅은 그 지역에 있는 모든 사람과 개와 말과 싸웠지만, 멘도자 호텔 주인의 불테리어 암컷만은 예외였다. 그 암컷은 유일하게 스냅보다 작은 개였는데, 둘은 아주 친한 사이 같았다.

나는 그날의 사냥을 평생 잊지 못할 것이다. 우리는 꼭대기가 평평하고 시야가 탁 트인 언덕 위에 있었다. 힐턴이 쌍안경으로 넓디넓은 들판을 살피다가 소리쳤다.

"저기 있다. 스컬 개울 쪽으로 가고 있어. 코요테 같군."

맨 먼저 할 일은 그레이하운드들에게 사냥감을 보여 주는 것이었다. 하지만 쉽지 않았다. 그레이하운드들이 쌍안경을 볼 수도 없는 노릇이고, 땅에는 개의 키를 넘는 산쑥이 빽빽이 자라고 있었기 때문이다.

힐턴은 "댄더, 이리 와." 하고 소리치고는 뒤로 약간 물러나 자리를 마련하면서 다리를 쭉 뻗었다. 그러자 댄더가 단숨에 안장 위로 뛰어올라 균형을 잡고 섰다. 그동안 힐턴은 계속 코요테를 가리켰다.

"저기 있어, 댄더. 저기, 저 아래 있는 거 보이지?"

개는 자기 주인이 가리킨 곳을 뚫어지게 바라보더니, 이윽고 알았다는 듯이 작은 소리로 컹 짖고는, 땅바닥으로 뛰어내려 쏜살같이 달려갔다. 나머지 개들도 줄줄이 따라갔고, 우리도 열심히 쫓아갔지만 자꾸만 뒤처졌다. 그 지역에는 작은 협곡뿐 아니라 군데군데 오소리 굴이며 울퉁불퉁한 바위가 가득하고 여기저기 산쑥이 무성해서 전속력으로 달리기에는 너무 위험했다.

우리는 모두 뒤로 처졌다. 물론 말타기가 서툰 내가 맨 꼴

찌였다. 개들이 평평한 들판을 날듯이 달려서 협곡 아래로 사라졌다가는 반대편에서 다시 나타나는 광경이 언뜻언뜻 보였다. 그레이하운드인 댄더가 앞장서서 뛰었다. 우리는 산등성이로 올라가 개들의 추격 과정을 한눈에 살폈다. 코요테가 전속력으로 달리는 가운데 개들이 400미터쯤 뒤에서 따라갔고, 거리는 점점 좁아졌다. 우리가 다시 개들을 발견했을 때 코요테는 이미 죽은 뒤였다. 그리고 폭스하운드 두 마리와 진저 스냅을 제외한 모든 개들이 코요테 주위에 앉아 숨을 헐떡였다.

힐턴은 폭스하운드들을 힐끗 보면서 말했다.

"싸울 때는 꼭 늦는단 말이야."

그러고는 댄더를 자랑스레 토닥이며 내게 한마디 덧붙였다.

"봐, 당신 강아지는 없어도 되잖소."

그러자 펜루프 노인이 빈정거렸다.

"작은 코요테 한 마리를 잡는 데 커다란 개 열 마리의 배짱이 필요하다니. 진짜 늑대를 만나면 어떨지 궁금하군."

이튿날 나는 또다시 사냥에 따라나섰다. 끝장을 보기로 마음을 먹은 것이다.

높은 곳에서 내려다보니 움직이는 잿빛 점이 있었다. 하얀 점은 영양이고 붉은 점은 여우, 잿빛 점이 늑대나 코요테였는데, 꼬리가 처진 것은 코요테, 올라간 것은 밉살맞은 늑대였다.

댄더는 지난번처럼 안장 위로 뛰어올라 사냥감을 확인하고는 그레이하운드, 보르조이, 폭스하운드, 그레이트데인, 불테리어, 그리고 말 탄 사냥꾼들의 행렬을 이끌고 앞서 나갔다. 개들이 추격하는 모습이 언뜻 보였다. 지금 개들 앞에서 뛰어가는 것은 늑대가 틀림없었다. 어쨌거나 앞장서서 달리는 개들은 코요테를 뒤쫓을 때만큼 빨리 달리는 것 같지 않았다. 이번에도 우리는 늑대 사냥이 어떻게 끝났는지 전혀 알지 못했다. 개들은 한 마리씩 돌아왔고, 늑대는 보이지 않았다.

사냥꾼들 사이에서 비난과 조롱이 한바탕 오갔다.

펜루프 노인이 개들을 비웃었다.

"푸하하! 겁쟁이 녀석, 살만 뒤룩뒤룩 찐 겁쟁이들. 따라잡는 건 쉽지만 막상 늑대가 돌아서서 달려들라치면 죽어라고 줄행랑을 치는군. 푸하하하!"

큰아들 힐턴도 빈정거렸다.

"세상에 무서울 게 없다던 그 못 말리는 불테리어는 어떻게 된 거요?"

"모르겠소. 그 녀석은 늑대를 못 본 모양이오. 늑대를 봤다면 분명히 목숨을 걸고 덤벼들었을 거요."

그날 밤 목장 근처에서 암소 몇 마리가 죽자, 우리는 다시 사냥을 나섰다.

이번 사냥도 지난번과 비슷하게 시작되었다. 느지막한 오후, 800미터도 안 되는 곳에 꼬리를 치켜든 잿빛 짐승이 보였다. 힐턴은 댄더에게 안장 위로 뛰어오르라고 소리쳤다. 나도 덩달아 스냅을 불렀다. 스냅은 다리가 너무 짧아서 몇 번이나 허탕을 친 끝에 내 발을 발판 삼아 간신히 안장에 기어올랐다. 내가 늑대를 가리키며 "공격해!"라고 명령하자, 스냅은 사냥감을 발견하고 벌써 출발한 그레이하운드들을 뒤쫓아 활기차게 달려갔다.

늑대와 사냥개들은 이번에는 거친 덤불이 자라는 강 쪽이 아니라 높고 탁 트인 곳으로 달려갔다. 그 이유는 곧 알게 될 것이다. 우리는 한데 모여 고원으로 올라가, 800미터쯤 떨어진 곳에서 벌어지는 추격전을 지켜보았다. 그때 늑대를 따라잡은 댄더가 늑대의 엉덩이를 물었다. 늑대가 싸우려고 돌아서는 모습이 똑똑히 보였다. 개들은 두세 마리씩 짝을 지어 늑대를 빙 둘러싸고 짖어 대기만 했다. 그때 조그맣고 하얀 개가 쏜살같이 달려들었다. 그리고 쓸데없이 짖는 데 시간을 낭비하지 않고 곧장 늑대의 목을 겨냥해 달려들었지만, 빗나가서 늑대의 코를 문 듯했다. 그러자 덩치 큰 개 열 마리가 달려들어 2분 만에 늑대를 죽여 버렸다. 우리는 개들이 늑대의 숨통을 끊는 현장을 보려고 열심히 말을 달렸다. 비록 먼발치에서 보았지만, 스냅에 대해 내가 장담한 말과 친구가 전보로 알려 준 말이 틀리지 않았다는 것을 알 수 있었다.

이번에는 내가 뻐길 차례였고, 나는 그 기회를 놓치지 않았다. 스냅은 늑대 사냥이 어떤 것인지 보여 주었고, 그 덕분에 멘도자의 사냥개 무리는 사람들의 도움 없이도 늑대를 죽일 수 있었다.

하지만 그 승리에는 두 가지 흠이 있었다. 첫째, 이번에 잡은 것은 어린 늑대였다. 아직 어렸기 때문에 어리석게도 평평한 들판으로 도망친 것이다. 둘째, 스냅이 늑대한테 어깨를 심하게 물렸다.

　행렬을 이루어 자랑스레 집으로 돌아오는 길에, 스냅은 다리를 살짝 절었다.

　내가 소리쳤다.

　"스냅, 이리 와."

　스냅은 한두 번 안장으로 뛰어오르려고 했지만 실패했다.

　"이봐 힐턴, 스냅 좀 올려 주게."

　하지만 대답은 "사양하겠네. 자네 방울뱀은 자네가 알아서 하게."였다. 이제는 다들 스냅은 안 건드리는 게 상책이라는 사실을 깨달은 것이다.

　"자, 스냅. 이걸 물어."

　나는 그렇게 말하고 채찍을 스냅한테 내밀었다. 스냅이 그것을 물자, 나는 스냅을 끌어 올려서 내 앞자리에 앉히고 집으로 데려갔다. 나는 스냅을 아기처럼 보살폈다. 스냅은 목장 사람들에게 사냥개들의 약점을 어떻게 보완해야 하는지 보여 주었다. 폭스하운드는 쓸 만하고 그레이하운드는 재빠르며 보르조이와 그레이트데인은 잘 싸우긴 하지만, 누군가 용기 있게 앞장서서 싸우지 않으면 아무 소용이 없었다. 그리고 그렇게 배짱이 두둑한 개는 불테리어밖에 없었다. 그날 목장 사람들은 골치 아픈 늑대들을 해치울 수 있는 방법을 배웠다. 여러분도 멘도자에 가 보면 알 것이다. 훌륭한 늑대 사냥개들 틈에는 반드시 불테리어 한 마리가 섞여 있는데, 특히 스냅의 혈통을 이어받은 불테리어가 인기가 좋다.

4

이튿날은 핼러윈 날로, 스냅이 내게 온 지 꼭 1년째 되는 날이었다. 날씨는 맑고 그다지 춥지 않았으며 눈도 쌓여 있지 않았다. 펜루프 목장 사람들은 핼러윈을 축하하기 위해 주로 사냥을 했는데, 올해는 당연히 늑대 사냥이었다. 실망스럽게도 스냅은 지난번에 입은 상처 때문에 몸 상태가 좋지 않았다. 스냅은 늘 그렇듯이 내 발치에서 잠을 잤는데, 그 자리가 피로 물들어 있었다. 스냅은 싸울 수 있는 상태가 아니었다. 하지만 우리는 늑대 사냥을 꼭 해야만 했다. 그래서 스냅을 별채로 꾀어서 가두어 놓고 우리끼리 떠났다. 하지만 나는 뭔가 나쁜 일이 일어날 것 같은 예감이 들었다. 나는 스냅이 없으면 사냥에 성공할 수 없다는 것을 알고 있었지만, 그것이 얼마나 쓰라린 실패일지는 상상할 수 없었다.

우리가 멀리까지 나가 스컬 개울이 흐르는 언덕 사이를 헤매고 있을 때였다. 하얀 공 같은 것이 산쑥을 헤치고 껑충껑충 뛰어오는 게 보였다. 이윽고 스냅이 나타나서는 짤막한 꼬리를 흔들고 으르렁거리면서 내 말의 옆구리로 뛰어오르려고 했다. 나는 스냅을 되돌려 보낼 수가 없었다. 스냅이 결코 내 명령에 따르지 않으리라는 것은 불을 보듯 뻔했다. 스냅의 상처가 심한 것 같아, 나는 채찍을 내밀어 스냅을 안장 위로 끌어 올렸다.

　나는 '그래, 집에 갈 때까지 내가 안전하게 지켜 줄게.' 하고 생각했다. 그렇다, 나는 그럴 생각이었다. 하지만 그것은 스냅이 어떤 개인지 충분히 헤아리지 못한 행동이었다. 힐턴이 늑대를 발견하고 "저기다, 저기!" 하고 큰 소리로 외쳤다. 그러자 스냅의 경쟁자인 댄더와 라일리가 늑대를 보려고 동시에 펄쩍 뛰어오르다가 서로 부딪쳐 산쑥 덤불 속으로 나뒹굴었다. 하지만 저편을 유심히 살펴보던 스냅은 그리 멀지 않은 곳에서 늑대를 발견하고는 내가 미처 깨닫지 못한 사이에 안장에서 뛰어내렸다. 그러고는 이쪽저쪽으로 껑중껑중 뛰면서 산쑥 덤불을 헤치고 나아가더니, 몇 분 만에 사냥개 무리를 거느리고 적을 향해 곧장 달려갔다. 물론 늑대는 가까이에 있었다. 거대한 그레이하운드들은 움직이는 잿빛 점을 보고 여느 때처럼 길게 줄지어 들판을 달렸다. 이번에는 멋진 사냥이 될 것 같았다. 늑대는 800미터도 안 되는 곳에 있었고, 개들은 너나없이 맹렬하게 달려들었기 때문이다.

가빈이 소리쳤다.

"회색곰 협곡으로 가는군. 우리는 이쪽으로 가자고. 그러면 우리가 앞질러 갈 수 있을 거야."

그래서 우리는 방향을 돌려 훌머 언덕 북쪽을 끼고 열심히 달려갔다. 그동안 늑대와 사냥개들은 남쪽으로 간 것 같았다.

시더리지 꼭대기에 올라갔다가 내려오려는 순간, 힐턴이 소리쳤다.

"세상에, 여기 있었군! 당장 한판 붙겠는걸."

힐턴은 말에서 훌쩍 뛰어내려 고삐를 던져 놓고는 앞쪽으로 뛰어갔다. 나도 말에서 뛰어내려 뒤따랐다. 거대한 늑대가 탁 트인 벌판을 지나 우리 쪽으로 달려왔다. 늑대는 머리를 숙인 채 꼬리를 수평으로 곧게 뻗고 있었고, 50미터쯤 뒤에서는 댄더가 늑대보다 두 배는 더 빠른 속도로 땅을 스칠 듯 나는 매처럼 달려왔다. 곧이어 늑대를 따라잡은 댄더가 덥석 물려고 했지만, 늑대가 자기 쪽으로 휙 돌아서자 뒤로 펄쩍 물러났다. 이제 늑대와 댄더는 우리가 있는 언덕 밑에서 15미터도 안 되는 곳에 있었다. 가빈이 회전식 연발

권총을 꺼내어 쏘려고 했지만, 힐턴이 가로막았다.

"아, 잠깐만. 한번 두고 보자고."

몇 초 뒤에 두 번째로 빠른 그레이하운드가 도착했고, 나머지 그레이하운드들도 잇따라 도착했다. 개들은 분노와 투지에 불타서 당장이라도 늑대를 갈기갈기 찢어 놓을 듯이 달려왔다. 하지만 막상 늑대 앞에 이르자, 옆으로 멀찍이 비켜서서는 늑대 주위를 맴돌며 짖기만 했다. 1분 남짓 지나자, 보르조이들이 도착했다. 녀석들은 덩치도 크고 훌륭한 개들이었다. 멀리서 달려올 때만 해도 당장 늑대한테 달려들 기세였다. 하지만 늑대의 늠름한 태도와 실팍한 체격 그리고 무시무시한 턱을 보는 순간, 가까이 다가가기도 전에 겁을 먹고 말았다. 보르조이들 역시 다른 개들처럼 늑대를 에워쌌다. 그동안 한복판에 있는 무법자는 덤빌 테면 다 덤벼 보라는 듯이 이쪽저쪽을 살폈다.

이윽고 덩치가 늑대만 한 그레이트데인들이 나타났다. 숨을 헉헉거리며 달려온 그레이트데인들은 위협적으로 으르렁거리며 금방이라도 늑대를 갈가리 찢어 죽일 듯이 앞으로 돌진했다. 하지만 억센 턱과 지칠 줄 모르는 다리를 가진 늑대는 죽어도 혼자 죽지는 않겠다는 듯이 냉혹하고 두려움 없는 모습으로 버티고 서 있었다. 그레이트데인 세 마리는 그런 늑대를 보자 다른 사냥개들처럼 겁에 질려 갑

자기 꼬리를 내렸다. 그렇다. 개들은 곧 덤벼들 것이다. 지금 당장이 아니라, 한숨 돌리는 대로. 늑대 따윈 두렵지 않다. 암, 그렇고말고. 개들의 목소리에는 용기가 깃들어 있었다. 개들은 가장 먼저 덤벼드는 놈이 상처를 입으리라는 것을 잘 알고 있었지만 결코 개의치 않을 것이다. 열기를 북돋기 위해 조금만 더 짖는 것뿐이다.

그렇게 커다란 개 열 마리가 늑대 한 마리를 포위해 놓고도 껑충거리고만 있을 때, 맞은편 산쑥 덤불 틈에서 바스락거리는 소리가 났다. 그리고 눈처럼 하얀 고무공 같은 것이 뛰어오더니 이내 작은 불테리어가 되었다. 개들 중에 가장 느려서 맨 마지막으로 도착한 스냅이 가쁜 숨을 몰아쉬며 나타난 것이다. 스냅은 숨이 넘어갈 지경이었다. 하지만 탁 트인 곳으로 나오자마자 아무도 감히 맞서지 못하는 늑대 쪽으로 곧장 달려갔다.

스냅이 머뭇거렸을까? 아니, 단 한 순간도 머뭇거리지 않았다. 스냅은 늑대를 둘러싸고 컹컹 짖기만 하는 개들을 뚫고 그 폭군의 목을 겨냥해 덤벼들었다. 그러자 늑대는 반달칼처럼 날카로운 발톱을 휘둘렀다. 그 작은 개는 나가떨어져도 다시 튀어 올랐지만, 그 뒤로는 어떻게 되었는지 알 수 없었다. 개들이 한덩어리가 되어 달려들었기 때문이다. 작은 개가 늑대의 코를 물고 늘어지는 모습을 언뜻 본 것도 같았다. 개들이 늑대를 빙 둘러싸는 바람에 우리는 개들을 도와줄 수 없었다. 하지만 개들은 우리의 도움이 필요하지 않았다. 자기들한테는 겁 없는 지도자가 있었으니까. 이윽고 결전이 끝나고, 거대한 늑대가 바닥에 쓰러졌다. 작고 하얀 개에게 코를 꽉 물린 채로.

우리는 언제든 도와줄 준비를 하고 4미터쯤 떨어진 곳에 빙 둘러서 있었지만, 끝까지 도움은 필요치 않았다.

늑대는 죽었다. 그리고 스냅은 내가 불러도 움직이지 않았다.

나는 스냅 위로 몸을 구부리고 말했다.

하얀 공 같은 것이 껑충껑충 뛰어왔다.

"스냅, 스냅, 다 끝났어. 네가 늑대를 죽였다고."

하지만 스냅은 꼼짝도 하지 않았다. 스냅의 몸 두 군데에 깊은 상처가 나 있었다.

나는 스냅을 안아 올리려고 했다.

"이젠 그만 놔줘, 친구. 다 끝났다니까."

스냅은 힘없이 으르렁거리더니 마침내 늑대를 놓아주었다. 거친 목장 사람들도 스냅 주위에서 무릎을 꿇었다. 펜루프 노인이 떨리는 목소리로 말했다.

"나라면 소 스무 마리를 준다 해도 스냅을 다치게 하지 않았을 걸세."

나는 스냅을 품에 안고는 이름을 부르며 머리를 쓰다듬어 주었다. 스냅은 가냘프게 으르렁거렸고, 그것이 작별 인사였다. 스냅은 내 손을 핥아 주고는 두 번 다시 소리를 내지 않았다.

나는 슬픔에 잠긴 채 말을 타고 돌아왔다. 거대한 늑대 가죽 외에 승리의 흔적은 어디서도 찾아볼 수 없었다. 우리는 두려움을 모르던 그 개를 목장 집 뒷산에 묻었다.

옆에 서 있던 펜루프 노인이 중얼거렸다.

"정말 배짱이 대단한 녀석이었어. 정말로! 배짱이 없으면 소를 지키지 못하는 법이지."

The Springfield Fox
어미 여우 빅스의 마지막 선택

1

 암탉들이 감쪽같이 사라진 지가 벌써 한 달이 넘었다. 내가 여름휴가를 맞아 스프링필드에 왔더니, 삼촌은 나더러 범인을 찾아내라고 했다. 범인은 이내 밝혀졌다. 닭들이 닭장에 들어가기 전이나 닭장에서 나왔을 때 한 번에 한 마리씩 통째로 없어지는 것으로 보아, 떠돌이나 이웃 사람의 짓은 아니었다. 닭들이 높은 횃대에 앉아 있다가 잡혀간 것도 아니기 때문에 너구리나 올빼미도 누명을 벗었다. 또 닭을 먹다가 남긴 흔적도 없었으니, 족제비나 스컹크나 밍크의 짓도 아니었다. 따라서 모든 죄는 여우에게 돌아갔다.

 건너편 강기슭에는 에린데일이라는 울창한 소나무 숲이 있었다. 그 아래 여울을 자세히 살펴보니, 여우 발자국

과 플리머스록*의 줄무늬 깃털 하나가 눈에 띄었다.

내가 실마리를 더 찾으려고 건너편 강기슭으로 올라가는 순간, 뒤쪽에서 까마귀 떼가 요란하게 울어 댔다. 뒤를 돌아보니 수많은 까마귀들이 여울 속에 있는 뭔가에게 달려들고 있었다. 자세히 봤더니 '도둑이 도둑을 잡는다'는 말과 똑같은 상황이 벌어지고 있었다. 여울 한복판에는 뭔가를 입에 문 여우가 있었다. 녀석은 우리 집 헛간 앞뜰에서 닭 한 마리를 훔쳐 오는 길이었다. 까마귀들은 저희도 뻔뻔스러운 도둑인 주제에 항상 가장 먼저 "도둑이야!" 하고 외쳐 댔다. 여우의 약탈물에서 '입막음'의 대가로 한몫 챙길 속셈으로 말이다.

이윽고 여우와 까마귀들 사이에 싸움이 벌어졌다. 여우는 집으로 가려면 반드시 강을 건너야 했지만, 강에서는 까마귀 떼의 공격을 피해 숨을 곳이 없었다. 여우는 다짜고짜 강으로 뛰어들었다. 나까지 공격에 나서지 않았다면, 여우는 분명히 약탈물을 챙겨서 강을 건넜을 것이다. 하지만 여우는 나의 공격을 받자마자 기절한 암탉을 떨어뜨리고 숲 속으로 사라졌다.

이렇게 많은 먹이를 통째로 꾸준히 날라 가는 이유는 딱 하

---

* 닭의 한 품종. 회백색 바탕에 가로로 검은 줄무늬가 있다.

나, 새끼들이다. 그래서 나는 여우 굴을 찾기로 마음먹었다.

그날 저녁 나는 내 사냥개 레인저와 함께 강 건너 에린데일 숲으로 들어갔다. 사냥개가 원을 그리며 빙빙 돌기 시작하자, 근처의 수풀이 울창한 골짜기에서 짧고 날카로운 여우 울음소리가 들렸다. 레인저는 당장 그 숲으로 뛰어들었고, 방금 전에 묻은 듯한 짙은 냄새를 맡자 흥분해서 곧장 뛰어갔다. 레인저가 짖는 소리가 아득히 고지대 너머로 사라졌다.

한 시간쯤 뒤에 레인저는 찌는 듯한 8월 더위에 턱까지 차오른 숨을 고르느라 열기를 확확 내뿜으며 돌아와 내 발치에 드러누웠다.

그 순간 아까처럼 '캥, 캐앵' 하는 여우 울음소리가 손에 잡힐 듯 가까이에서 들리자, 레인저는 다시 쏜살같이 뛰어갔다.

개는 뱃고동 소리처럼 길게 짖어 대며 어둠을 뚫고 북쪽으로 곧장 내달렸다. 그러자 요란하게 '워우우, 워우우' 하던 소리가 '워우, 워우'로 나직해지고, 다시 '우우' 하는 가냘픈 소리로 바뀌더니 결국 잠잠해졌다. 레인저가 여우를 쫓아 몇 킬로미터 떨어진 곳까지 간 게 분명했다. 레인저처럼 목소리가 우렁찬 개의 울음소리는 1킬로미터 넘게 떨어진 곳에서도 충분히 들릴 텐데, 땅에 귀를 대어 봐도 소리가 들리지 않았다.

나는 컴컴한 숲에서 개를 기다리다가 물방울이 떨어지는

감미로운 소리를 들었다.

"똑 또롱 똑 또롱, 또로롱 똑, 똑, 똑."

그렇게 가까이에 샘이 있는 줄 몰랐는데, 더운 밤에 샘을 발견하다니 반가웠다. 소리를 따라가 보니 한 그루 참나무 가지에 그 물방울 소리의 주인공이 앉아 있었다. 녀석은 그런 밤에는 듣기만 해도 즐거운 상상이 넘쳐 나는, 너무도 부드럽고 달콤한 노래를 부르고 있었다.

똑 또롱 똑 또롱
또롱 똑 또로롱 똑
똑 똑 또롱 똑 똑 또로롱
한 모금 마시고 똑, 한 모금 마시고

그것은 애기금눈올빼미의 '물방울' 노래였다.

갑자기 나뭇잎이 부스럭거리는 소리와 거친 숨소리가 들렸다. 레인저가 돌아온 것이다. 레인저는 완전히 녹초가 되어 있었다. 바닥에 닿도록 길게 늘어진 혀에서 허연 거품이 부글부글 흘러나와 세차게 벌떡거리는 가슴과 옆구리를 타고 뚝뚝 떨어졌다. 레인저는 잠시 헐떡이다 말고 충직하게 내 손을 한 번 핥더니, 나뭇잎 위에 털썩 드러누워 다른 소리가 죄다 묻혀 버릴 만큼 요란하게 헐떡거렸다.

하지만 또다시 그 '캥, 캐앵' 하는 울음소리가 1미터쯤 떨어진 곳에서 감질나게 들려왔다. 그 순간 나는 여우의 속셈을 눈치챘다.

우리가 새끼 여우들이 있는 굴 근처에 있었기 때문에 부모 여우들이 번갈아 가며 우리를 다른 곳으로 유인하려 했던 것이다.

하지만 이미 너무 늦은 시간이었고, 우리는 문제를 대충 해결했다고 확신하며 집으로 돌아왔다.

2

모두들 여우가 근처에서 새끼를 키우며 사는 줄은 알았지만, 여우 굴이 그렇게 가까이 있는 줄은 꿈에도 몰랐다.

이 여우는 눈에서 귀 뒤쪽까지 흉터가 나 있어서 '스카페이스*'라고 불렀다. 토끼를 잡으려다가 철조망 울타리에 찢겼다고 하는데, 상처가 아문 자리에 하얀 털이 자라나서 눈에 확 띄었다.

지난해 겨울 나는 스카페이스를 만났고, 그 여우가 얼마나 교활한 녀석인지 알게 되었다. 나는 눈이 내린 다음 날 사

---

* 흉터가 있는 얼굴이라는 뜻이다.

냥을 나갔다. 탁 트인 벌판을 지나, 낡은 방앗간 뒤편의 덤불이 우거진 골짜기 언저리에 이르렀을 때다. 골짜기를 보려고 고개를 들었을 때, 멀리 맞은편에서 여우 한 마리가 내 쪽으로 뛰어 내려왔다. 그 순간 나는 바위처럼 동작을 딱 멈추었다. 조금이라도 움직이면 여우 눈에 띌까 봐 고개를 내리지도 돌리지도 못했다. 여우는 골짜기 아래 무성한 덤불 숲 속으로 사라졌다. 곧바로 나는 여우가 나올 만한 반대편 덤불로 달려가서 한참을 기다렸지만, 여우는 나타나지 않았다. 자세히 살펴보니 덤불에서 뛰어나간 여우의 발자국이 새로 나 있었다. 그 발자국을 눈으로 쫓아가 보니, 내 뒤쪽으로 총알이 닿지 않을 만큼 멀찌감치 떨어진 곳에 스카페이스가 아주 재미있다는 듯이 씨익 웃으며 앉아 있었다.

발자국을 살펴보니 어떤 상황인지 분명히 알 수 있었다. 스카페이스는 내가 자기를 본 순간 자기도 나를 보았지만, 진정한 사냥꾼이 으레 그렇듯 시치미를 뚝 떼고 아무것도 모르는 척 덤불숲으로 들어갔다. 그러고는 죽어라고 뛰어서 내 뒤로 돌아가, 내가 허탕 치는 꼴을 지켜보며 히죽거렸던 것이다.

  봄에도 스카페이스가 얼마나 교활한지 보여 주는 사건이 있었다. 나는 친구와 고지대 목초지 위로 난 길을 걷고 있었다. 길에서 10미터쯤 떨어진 산등성이에는 잿빛과 갈색을 띤 둥근 바위가 몇 개 놓여 있었다. 우리가 산등성이 바로 옆에 이르렀을 때, 친구가 말했다.

  "세 번째 바위는 꼭 웅크리고 앉은 여우처럼 보이는데."

  하지만 내 눈에는 그렇게 보이지 않아서 둘 다 그냥 지나쳤다. 그런데 몇 미터 못 가서 바람이 불자, 꼭 그 바위에서 털이 나부끼는 것 같았다.

  친구가 말했다.

  "저건 틀림없이 잠자는 여우야."

  "지금 당장 알아보자고."

  내가 그렇게 대꾸하고 돌아서서 한 걸음 내딛는 순간, 스카페이스가 벌떡 일어나 달아났다. 목초지 한복판에는 불에 타서 검게 그을린 자리가 널찍하게 남아 있었는데, 스카페이스는 이 불탄 자리를 황급히 가로질러 누런 풀밭까지 가서는 몸을 웅크리고 숨어 버렸다. 스카페이스는 처음부터 우리를 지켜보고 있었고, 우리가 가던 길을 계속 갔더라면 움직이지 않았을 것이다. 이 사건에서 놀라운 점은 스카페이스가 둥근 바위나 마른풀과 닮았다는 게 아니라, 자기가 왜 그런 행동을 하는지 잘 알고 있으며, 바위나 풀을 유리하게 이용할 줄도 안다는 사실이었다.

얼마 안 가서 우리는 스카페이스와 그의 짝 빅스가 우리 숲을 보금자리로 삼고 우리 뜰을 식량 보급소로 이용한다는 사실을 알아냈다.

이튿날 아침, 나는 소나무 숲을 뒤지다가 두세 달 전쯤에 파낸 듯한 커다란 흙더미를 발견했다. 분명히 굴을 파느라 생긴 흙 같았지만, 굴은 어디에도 보이지 않았다. 진짜 꾀바른 여우는 새 굴을 파면 흙을 모두 굴 밖으로 옮기고, 멀찍이 떨어진 덤불숲에다 따로 입구를 낸다. 그리고 처음의 입구는 금방 눈에 띄기 때문에 꼭꼭 막아 놓고 덤불에 가려진 입구만 사용한다.

그래서 나는 언덕 반대편을 뒤져서 진짜 입구를 찾아냈고, 새끼 여우들이 사는 보금자리가 있다는 확실한 증거를 잡았다.

언덕 기슭의 덤불숲에는 속이 빈 거대한 피나무가 있었다. 그 나무는 비스듬히 기울어져 있었는데, 밑둥치에는 커다란 구멍이 나 있고 꼭대기에는 좀 더 작은 구멍이 나 있었다.

어린 시절 나는 곧잘 이 나무에서 스위스 로빈슨 가족 놀이를 했고, 구멍을 쉽게 오르내릴 수 있도록 부싯깃같이 부드러운 나무 안쪽을 계단처럼 깎아 놓았다. 드디어 그것을 써먹을 날이 온 것이다. 이튿날 날이 포근할 무렵, 나는 여우 가족을 구경하러 갔다. 피나무 꼭대기로 올라가니, 근처 굴에 사는 흥미로운 여우네 식구들이 금방 보였다.

 새끼 여우는 네 마리였다. 새끼 여우들은 복슬복슬하고 긴 털, 튼실한 다리, 천진난만한 표정 때문에 신기하게도 새끼 양과 닮아 보였다. 하지만 다시 보니 납작한 얼굴에 코가 뾰족하고 눈이 날카로운 것이 지금은 순진한 새끼라도 머잖아 교활한 여우로 자랄 것이 틀림없었다.

 새끼들은 햇볕을 쬐거나 저희끼리 엎치락덮치락 하며 놀다가, 희미한 소리가 들리자 후다닥 굴로 들어갔다. 하지만 이번에는 경계할 필요가 없었다. 소리의 주인공이 바로 어미였기 때문이다. 어미 여우는 암탉을 물고 덤불숲에서 걸어 나왔다. 내 기억으로는 열일곱 마리째였다. 어미가 나지막이 부르자, 새끼들이 구르다시피 뛰어나왔다. 이윽고 우리 삼촌은 결코 좋아하지 않을 즐거운 식사 장면이 펼쳐졌다.

 새끼들은 우르르 달려들어 암탉과 힘겨루기를 하고 자기네끼리도 아옹다옹 다투었다. 어미는 날카로운 눈으로 혹시 적이 있는지 주위를 살피는 한편 흐뭇하게 새끼들을 지켜보았다. 어미의 표정은 놀라웠다. 싱글벙글 웃는 얼굴에도 평소의 사납고 약삭빠른 표정은 물론 잔인함과 긴장감

새끼들은 어미가 흐뭇하게 지켜보는 가운데 아옹다옹 다투었다.

이 그대로 남아 있었지만, 무엇보다 뚜렷이 드러나는 것은 어미로서 느끼는 자랑스러움과 사랑이었다.

내가 올라가 있는 나무의 밑동은 덤불숲에 가려져 있었고, 여우 굴이 있는 언덕보다 위치가 훨씬 낮았다. 그래서 나는 여우들을 놀라게 하지 않고도 자유롭게 왔다 갔다 할 수 있었다.

며칠 동안 나는 그곳에서 새끼 여우들이 훈련받는 모습을 지켜보았다. 새끼들은 조금이라도 이상한 소리가 나면 돌처럼 꼼짝하지 않아야 하고, 그러고 나서도 그 소리가 또 들리거나 다른 위험한 뭔가가 보이면 은신처로 도망쳐야 한다는 것을 일찌감치 배웠다.

어떤 동물은 모성애가 강해서 다른 동물들한테도 잘해 준다. 하지만 빅스는 그런 것 같지 않았다. 새끼들을 흐뭇하게 지켜볼수록 더욱 세련된 수법으로 잔인함을 발휘했기 때문이다. 이를테면 빅스는 생쥐와 새들을 곧잘 산 채로 잡아 왔다. 새끼들이 다양한 방법으로 먹잇감을 괴롭힐 수 있도록 잔인하게도 일부러 심한 상처를 입히지 않았던 것이다.

과수원 언덕에는 우드척* 한 마리가 살고 있었다. 녀석은 볼품도 없고 흥미로운 구석도 없지만, 제 몸을 지키는 법은

---

*북아메리카에 사는 다람쥣과 동물. 굴을 파고 살며 겨울잠을 잔다.

알고 있었다. 우드척은 늙은 소나무 그루터기의 뿌리 사이에 굴을 파서, 여우들이 땅을 파고 쫓아오지 못하게 했다. 하지만 여우들은 우직하게 일해서 먹고 사는 미련퉁이가 아니었다. 녀석들은 꾀를 잘 쓰는 것이 열심히 일하는 것보다 가치 있다고 여겼다.

우드척은 매일 아침 그루터기에 올라가 볕을 쬐었다. 그러다가 여우가 다가오면 굴 입구로 내려갔고, 여우가 더 가까이 오면 굴속으로 들어가 위험이 사라질 때까지 기다렸다.

어느 날 아침, 스카페이스와 그의 짝 빅스는 새끼들한테 우드척이라는 동물에 대해 폭넓게 가르칠 때가 되었다고 생각하고, 이 과수원에 사는 우드척을 이용하여 산 교육을 시키기로 마음먹은 듯했다. 그래서 두 여우는 그루터기에 사는 우드척의 눈을 피해 과수원 울타리로 갔다.

스카페이스가 먼저 과수원에 들어가 그루터기에서 멀찌감치 떨어진 곳을 조용히 걸어갔다. 조심성 많은 우드척이 여우한테 들켰다는 사실을 눈치채지 못하도록 한 번도 그쪽을 쳐다보지 않았다.

여우가 들판으로 접어들자, 우드척은 살그머니 자기 굴 입구로 내려갔다. 우드척은 거기서 여우가 지나가기를 기다렸지만, 어쨌든 조심하는 편이 낫다고 생각하고 굴속으로 들어갔다.

여우들은 바로 이것을 노렸다. 어디선가 빅스가 달려와 재빨리 그루터기 뒤쪽에 숨었다. 스카페이스는 천천히 가던 길을 계속 갔다. 스카페이스가 우드척을 못 본 척했기 때문에, 얼마 뒤 우드척은 그루터기 뿌리 틈으로 고개를 쑥 내밀고 주위를 둘러보았다. 여우는 점점 멀어지고 있었다. 우드척은 대담하게 굴 밖으로 나와, 적이 없는 것을 확인하고는 얼른 그루터기로 올라갔다. 그러자 기다리고 있던 빅스가 단번에 우드척을 덮치고는 정신을 잃을 때까지 마구 흔들어 댔다. 스카페이스는 곁눈으로 그 광경을 지켜보다가 잽싸게 뛰어왔다. 하지만 빅스가 우드척을 물고 굴로 돌아가는 모습을 보니 도와줄 것도 없었다.

빅스는 굴로 돌아왔다. 빅스가 우드척을 살살 물고 왔기 때문에, 여우 굴에 이르자 우드척이 힘없이 버둥거렸다. 빅스가 굴 앞에서 '캥' 하고 나직한 소리를 내자, 새끼 여우들이 놀러 나온 사내아이들처럼 우르르 몰려왔다. 빅스가 다친 우드척을 던져 주자, 새끼 여우들은 작은 야수처럼 으르렁거리며 달려들어 아직 연약한 턱으로 우드척을 힘껏 물어뜯었다. 우드척은 젖 먹던 힘까지 짜내어 새끼 여우들을 물리치면서 몸을 숨길 수 있는 덤불 쪽으로 절뚝절뚝 다가갔다. 새끼 여우들은 사냥개처럼 쫓아가 우드척의 꼬리와 옆구리를 잡아당겼지만 우드척을 막을 수는 없었다. 그러자 빅스가 두세 걸음 만에 우드척을 따라잡더니, 새끼들이 마음껏 갖고 놀 수 있도록 다시 빈터로 끌고 갔다. 이 험악한 놀이는 새끼들 중 하나가 우드척한테 호되게 물릴 때까지 계속되었다. 어린 여우가 아파서 비명을 지르자, 빅스가 벌떡 일어나 우드척의 비참한 삶을 끝장내고 먹잇감으로 내놓았다.

여우 굴에서 멀지 않은 곳에 거친 풀이 자라는 우묵한 풀밭이 있었는데, 그곳은 들쥐 떼의 놀이터였다. 새끼 여우들이 굴 밖으로 나와 가장 먼저 숲의 기술을 배운 곳도 바로 이 풀밭이었다. 여기에서 새끼 여우들은 사냥 중에서 가장 쉬운 들쥐 사냥을 배웠다. 이때 가장 중요한 것은 어미가 몸소 시범을 보이는 일인데, 그것은 뿌리 깊은 본능에서 우러나오는 것이었다. 어미 여우는 '가만히 엎드려 지켜봐라.' 또는 '이리 와서 나를 따라 해.'라는 뜻의 한두 가지 신호를 자주 사용했다.

바람이 잔잔한 어느 날 저녁, 이 유쾌한 패거리가 풀밭으로 왔다. 어미 여우는 새끼들에게 가만히 엎드려 있으라고 했다. 이내 찍찍거리는 소리가 희미하게 들렸다. 사냥감이

빅스는 생쥐 잡는 법을 새끼들에게 가르쳐 주었다.

움직이고 있다는 뜻이었다. 빅스는 몸을 일으켜 발끝으로 살금살금 풀밭으로 걸어갔다. 몸을 움츠리지 않고 되도록 키를 높여 걸었고, 좀 더 멀리까지 살펴보려고 뒷다리로 서기도 했다. 들쥐들은 얽혀 있는 풀 밑으로 숨어 다니기 때문에, 들쥐가 있는 곳을 알려면 풀이 흔들리는 모습을 주의 깊게 살펴보는 수밖에 없다. 그래서 여우들은 바람이 잔잔한 날에만 들쥐 사냥을 한다.

 들쥐 사냥 요령은 들쥐가 있는 곳을 알아내서 일단 덮치고 보는 것이다. 빅스가 펄쩍 뛰어서 마른 풀 더미 한복판을 덮치자, 들쥐가 마지막 비명을 토했다.

 어미 여우가 들쥐를 통째로 삼키자, 새끼 여우 네 마리도 어미 흉내를 내려고 애썼다. 드디어 가장 큰 새끼가 난생처음으로 사냥에 성공했다. 녀석은 흥분으로 몸을 부르르 떨며, 스스로도 놀랄 만큼 잔인한 본성을 발휘하여 진주같이 조그만 젖니를 들쥐의 몸에 박아 넣었다.

 그다음에는 붉은 청설모 사냥법을 배웠다. 이 시끄럽고 상스러운 짐승은 여우 굴 근처에 살면서, 날이면 날마다 안전한 곳에 자리 잡고 앉아 여우들에게 욕을 퍼부었다. 새끼 여우들은 청설모를 잡으려고 애썼지만, 번번이 허탕만 쳤다. 청설모는 이 나무에서 저 나무로 뛰어다니며 여우들이 사는 숲속 빈터를 가로지르거나, 여우들의 공격 범위에서 고작 30센티미터만 벗어난 곳에서 험담을 늘어놓곤 했다.

하지만 빅스는 온갖 동물의 습성을 훤히 꿰고 있었다. 청설모의 본성을 잘 아는 빅스는 적당한 때를 기다려 그놈을 처치하기로 했다.

빅스는 새끼 여우들에게 숨으라고 한 다음, 빈터 한복판에 납죽 엎드렸다. 건방지고 비겁한 청설모는 여느 때처럼 욕설을 퍼부으며 다가왔다. 하지만 빅스는 털끝 하나 움직이지 않았다. 청설모는 빅스한테 점점 다가오더니, 마침내 빅스의 머리 바로 위에 있는 나무에서 재잘거렸다.

"이 망나니야, 이 망나니야."

하지만 빅스는 죽은 듯이 엎드려 있었다. 궁금해진 청설모가 겁도 없이 나무줄기에서 내려왔다. 그러고는 주위를 둘러보며 풀밭을 잽싸게 가로질러, 안전한 나무로 올라가서는 또다시 욕을 퍼부었다.

"이 망나니야, 이 쓸모없는 망나니야, 망나니야아."

그래도 빅스는 죽은 듯이 엎드려 있기만 했다. 그러자 청설모는 몸이 근질거려 참을 수 없었다. 선천적으로 호기심이 많고 모험심이 강한 청설모는 다시 땅으로 내려오더니, 빈터에서 아주 가까운 곳을 날쌔게 지나갔다.

빅스가 여전히 죽은 듯이 엎드려 있자, 청설모는 여우가 죽은 게 틀림없다고 생각했다. 새끼 여우들도 혹시 어미가 잠든 게 아닐까 생각했다.

청설모는 불타는 호기심에 무작정 몸을 맡겼다. 청설모는 빅스의 머리 위로 조그만 나무껍질을 떨어뜨리며 온갖 욕설을 퍼부었다. 그러고도 한 차례 더 나무껍질 떨어뜨리기와 욕하기를 되풀이했지만, 여우는 도무지 살아 있는 것 같지 않았다. 다람쥐는 두 번 더 빈터를 가로질러 본 다음, 용기를 내어 빅스와 1미터쯤 떨어진 곳까지 바싹 다가갔다. 그 순간 기회를 엿보던 빅스가 벌떡 일어나 눈 깜짝할 사이에 청설모를 덮쳤고, 새끼들이 달려와서 고기를 뜯어 먹었다.

이처럼 어미 여우는 새끼들에게 기초 교육을 시킨 뒤에, 새끼들이 더 튼튼해지면 멀리 들판으로 데리고 나가 냄새로 사냥감을 추적하는 수준 높은 교육을 시작했다.

새끼들은 먹이의 종류에 따라 여러 가지 사냥법을 배웠다. 동물들은 저마다 살아가는 데 꼭 필요한 장점을 지니고 있는 반면 치명적인 약점도 지니고 있는 법이다. 그런 약점이 없다면 다른 동물들이 살아남지 못한다. 청설모의 약점은 어리석은 호기심이고, 여우의 약점은 나무에 오를 수 없다는 것이다. 그래서 새끼 여우들은 다른 동물들의 약점을 이용하거나, 자기들의 장점을 교묘하게 이용하여 약점을 보완하는 훈련을 받았다.

새끼 여우들은 부모한테서 여우 세계의 중요한 격언들을 배웠다. 어떻게 배웠는지 말하기는 어렵다. 하지만 부모한테 배운 것은 분명하다. 여우들이 말 한마디 없이 내게 가르쳐 준 격언 몇 가지를 여기에 소개하겠다.

똑바로 왔던 길에서 잠을 자서는 안 된다.

눈보다 코가 나으니, 코를 먼저 믿어라.

바람을 등지고 달리는 것은 바보짓이다.

흐르는 시냇물은 많은 병을 고쳐 준다.

숨을 곳이 있을 때는 절대 탁 트인 곳으로 나가지 않는다.

구불구불 돌아올 수 있을 때 절대로 똑바로 와서는 안 된다.

낯선 것은 적이다.

흙과 물은 냄새를 없애 준다.

토끼 숲에서는 절대로 들쥐를 잡지 말고, 닭장이 있는 뜰에서는 절대로 토끼를 잡지 마라.

탁 트인 풀밭에는 가지 마라.

새끼 여우들의 머릿속에는 이미 이 격언들의 의미가 어렴풋이 새겨지고 있었다. 따라서 새끼 여우들도 '냄새가 나지 않는 것은 따라가지 않는' 것이 현명하다는 것을 알고 있었다. 상대방의 냄새를 맡을 수 없다는 것은 바람이 새끼들의 등 뒤에서 분다는 뜻이고, 그러면 상대방이 새끼 여우들의 냄새를 맡을 게 뻔하기 때문이다.

새끼 여우들은 숲속에 사는 새와 동물들에 관해 하나씩 배웠고, 그다음에는 부모와 함께 숲을 벗어나 새로운 동물들에 관해 배웠다. 새끼 여우들은 움직이는 것들의 냄새는 모두 안다고 자신하기 시작했다. 그러던 어느 날 밤, 어미 여우가 새끼들을 데리고 들판으로 나갔다. 거기에는 처음 보는 시커먼 것이 엎드려 있었다. 어미 여우는 그 냄새를 맡아 보라고 일부러 새끼들을 데려온 것이었다. 냄새를 맡은 새끼들은 무심결에 온몸의 털을 쭈뼛 세우며 부들부들 떨었다. 냄새가 아릿하게 핏줄을 타고 흐르자, 본능적인 증오와 공포가 온몸을 휘감았다. 어미 여우는 이만하면

되었다 싶을 때 입을 열었다.

"이건 사람 냄새다."

3

 암탉들은 여전히 사라졌다. 내가 새끼 여우들이 숨어 있는 굴을 삼촌에게 알려 주지 않았기 때문이다. 사실 내게는 암탉들보다 그 어린 악당들이 훨씬 소중했다. 하지만 삼촌은 불같이 화를 내며 내가 숲에 대해 아무것도 모른다고 비난했다.

 어느 날 나는 삼촌을 기쁘게 해 주려고 사냥개를 데리고 숲으로 가서는, 탁 트인 언덕 중턱의 그루터기에 앉아 개더러 계속 앞으로 나아가라고 명령했다. 3분도 못 되어 개는 사냥꾼이라면 누구나 잘 아는 소리로 짖어 댔다. "여우다, 여우! 골짜기 바로 밑에 있어!"라고.

 잠시 뒤, 여우와 사냥개가 다가오

는 소리가 들렸다. 그리고 그 여우, 그러니까 스카페이스가 강가의 평지를 가로질러 강물 쪽으로 성큼성큼 뛰어가는 모습이 보였다. 스카페이스는 강으로 들어가 가장자리의 얕은 물속을 200미터쯤 달리다가 다시 뭍으로 나왔다. 그러고는 내 쪽으로 곧장 달려왔다.

나는 여우가 훤히 볼 수 있는 위치에 있었는데도, 녀석은 나를 못 보았는지 언덕으로 올라와 제 어깨너머로 사냥개를 구경했다. 스카페이스는 3미터도 안 떨어진 곳에서 나를 등지고 앉아, 목을 길게 빼고는 사냥개의 행동 하나하나에 깊은 관심을 보였다.

레인저는 여우 냄새를 따라 으르렁거리며 달려오다가 강에 이르러 냄새가 사라지자 허둥댔다. 그렇다면 방법은 단 하나, 양쪽 기슭을 오르내리며 여우가 물에서 나온 지점을 찾는 것이다.

내 앞에 있던 여우는 레인저가 잘 보이지 않는다 싶으면 자리를 조금씩 옮기면서 마치 사람처럼 흥미롭게 사냥개가 헤매는 꼴을 지켜보았다. 나와 여우 사이의 거리가 얼마나 가까웠던지, 나는 개의 모습이 보일 때마다 여우의 어깨 털이 곤두서는 것을 볼 수 있었다. 또 갈비뼈 밑에서 심장이 팔딱팔딱 뛰는 것과 노란 눈동자가 번뜩이는 것까지 보았다.

개가 여울이라는 속임수에 걸려 헤매는 모습은 재미있는

구경거리였다. 여우는 가만히 앉아 있지 못하고 몸을 위아래로 까닥거리며 고소해했다. 터벅터벅 돌아다니는 사냥개를 좀 더 잘 보려고 뒷다리로 일어서기까지 했다. 여우의 입은 거의 귀밑까지 찢어져 있었고, 숨이 찰 리가 없는데도 한동안 요란하게 숨을 헐떡인 것으로 보아, 신이 나서 깔깔대고 있는 것 같았다. 개가 이를 씨익 드러내고 헥헥거리며 웃는 것처럼 말이다.

스카페이스가 몸을 배배 꼬며 즐거워하는 동안, 레인저는 한참을 헤매다가 결국 여우의 냄새를 찾아냈다. 하지만 너무 오래되어 추적하기가 쉽지 않았다. 더구나 그제야 냄새를 찾았다고 짖기도 멋쩍었다.

사냥개가 언덕을 오르기 시작하자 여우는 소리 없이 숲으로 들어갔다. 나는 여우와 겨우 3미터 떨어진 곳에서 내 모습을 훤히 드러낸 채 앉아 있었다. 하지만 바람을 안은 채 꼼짝도 하지 않았기 때문에, 스카페이스는 자신의 생명이 20분 동안이나 가장 무서운 적의 손아귀에 들어가 있었던 사실을 까맣게 몰랐다. 내가 부르지 않았다면, 레인저도 스카페이스처럼 나를 그냥 지나쳤을 것이다. 레인저는 내가 부르자 움찔 놀라더니 냄새 쫓기를 그만두고 멋쩍은 표정으로 내 발치에 드러누웠다.

사나흘 동안 이와 비슷한 희극이 연이어 벌어졌다. 하지만 강 건너에 있는 삼촌네 집에서도 그 광경은 똑똑히 보였다. 날마다 암탉을 도둑맞고 안달복달하던 삼촌은 결국 자기가 직접 언덕에서 망을 보았다. 그리고 스카페이스가 경쾌한 발걸음으로 언덕에 올라가 강가를 헤매는 멍청한 사냥개를 구경하며 승리의 기쁨을 만끽하는 바로 그 순간, 삼촌은 스카페이스의 등을 가차 없이 쏘았다.

4

그래도 암탉은 계속 없어졌다. 삼촌은 화가 나서 길길이 날뛰었다. 삼촌은 직접 전쟁을 치르기로 마음먹고, 우리 개들은 운이 좋으니까 안 먹겠지 하면서 독약이 든 미끼를 숲에 뿌렸다. 삼촌은 나더러 숲에 대해서 통 뭘 모른다며 한껏 업신여겼고, 저녁이면 총을 들고 개 두 마리를 앞세워 죽은 놈이 있나 알아보러 나갔다.

빅스는 독약이 든 미끼를 귀신같이 알아냈다. 빅스는 미끼들을 그냥 지나치거나 경멸을 표시하기도 하고, 오랜 앙숙인 스컹크의 굴에다 미끼를 떨어뜨려서 스컹크를 저세상으로 보내 버리기도 했다. 예전에는 스카페이스가 개들을 공격하고, 개들이 못된 장난을 치지 못하게 막아 주었다. 하지만 이제는 빅스 혼자서 새끼들을 키워야 했다. 그래서 보금자리로 돌아올 때 자기 냄새를 일일이 지울 겨를이 없었고, 적들이 가까이 와도 딴 곳으로 따돌리기가 어려웠다.

결말은 불을 보듯 뻔했다. 레인저는 짙게 남아 있는 여우 냄새를 따라 굴로 갔고, 폭스테리어 스팟은 새끼 여우들이 굴속에 있다고 알리고는 새끼들을 쫓아 굴속으로 들어가려고 애썼다.

이제 모든 비밀이 탄로 났고, 새끼들은 몰살당할 판이었다. 나와 삼촌과 개들이 지켜보는 가운데, 일꾼 한 사람이 곡괭이와 삽을 들고 와서 새끼들이 숨어 있는 굴을 파려고 했다.

그러자 곧 빅스가 근처 숲에 나타나 개들을 강으로 유인해서는, 적당한 때에 양의 등에 올라타 개들을 손쉽게 따돌렸다. 겁에 질린 양이 몇백 미터를 내달리자, 빅스는 이만하면 냄새 흔적이 끊겼겠다 생각하고 얼른 양 등에서 뛰어내려 굴로 되돌아왔다.

하지만 개들은 냄새가 딱 끊겨도 당황스레 헤매지 않고 곧바로 돌아와, 굴 근처를 서성거리는 빅스를 발견했다. 빅스는 소중한 새끼들한테서 우리를 떼어 놓으려다 실패하고 절망에 빠져 있었다.

그동안 일꾼인 패디는 곡괭이와 삽을 쉬지 않고 힘차게 휘둘렀다. 자갈이 섞인 누런 모래가 양옆에 쌓이고, 패디의 탄탄한 어깨가 땅속으로 점점 꺼져 갔다. 어미 여우는 근처 숲을 맴돌고 개들은 그런 어미 여우를 맹렬하게 뒤쫓는 가운데, 굴을 판 지 한 시간쯤 지났을 무렵 패디가 큰 소리로 외쳤다.

"드디어 나왔습니다요!"

여우들의 보금자리는 굴 맨 안쪽에 있었고, 털북숭이 새끼 여우 네 마리가 구석 깊숙이 물러나 웅크리고 있었다.

내가 말릴 새도 없이 패디는 삽을 휘둘렀고, 사나운 사냥개가 와락 달려들어 새끼 여우 세 마리를 죽였다. 가장 몸집이 작은 여우는 내가 꼬리를 잡고 번쩍 들어 올린 덕분에 흥분한 개들한테서 가까스로 목숨을 건졌다.

새끼 여우가 끼잉 하고 짧게 한 번 외치자, 가엾은 어미 여우가 다가와 주위를 계속 맴돌았다. 너무 가까이 와서 총에 맞을 뻔했지만, 늘 그렇듯 중간에 끼어든 개들이 우연찮게 방패막이가 되어 주었다. 그리고 나서 어미 여우와 사냥개들은 다시 한번 헛되이 쫓고 쫓기는 추격전을 벌였다.

살아남은 새끼 여우는 자루 속에 들어가자 이내 얌전해졌다. 우리는 불행한 형제들을 보금자리에 도로 던져 놓고 흙으로 덮었다.

우리 죄인들은 집으로 돌아와 곧바로 새끼 여우를 사슬로 묶어 뜰에 두었다. 왜 살려 두었는지는 알 수 없었지만, 다들 마음이 바뀌어 새끼 여우를 죽이자고 하지 않았다.

새끼 여우는 양과 여우를 합쳐 놓은 듯 귀엽고 예뻤다. 털이 복슬복슬한 얼굴과 몸뚱이는 신기하게도 양처럼 천진난만해 보였지만, 노란 눈빛에서는 양한테서는 찾아볼 수 없는 교활함과 포악함이 엿보였다.

새끼 여우는 사람이 가까이 있을 때는 상자 속에 숨어 힘없이 웅크리고 있었다. 사람들이 사라지고 나서도 꼬박 한 시간이 지난 뒤에야 용기를 내어 밖을 내다보았다.

나는 속이 빈 피나무 대신 내 방 창문을 이용해 새끼 여우를 지켜보았다. 뜰에는 새끼 여우가 아주 잘 아는 닭들이 많이 있었다. 그날 늦은 오후, 암탉들이 새끼 여우 주변을 어정거릴 때였다. 갑자기 사슬이 철렁하는 소리가 나더니 새끼 여우가 가장 가까이에 있던 암탉한테 와락 달려들었다. 사슬이 짧아 뒤로 홱 끌려가지 않았더라면, 새끼 여우는 분명 암탉을 잡았을 것이다. 새끼 여우는 부스스 일어나 상자로 돌아갔다. 그 뒤에도 몇 번 암탉들에게 달려들긴 했지만, 성공하든 실패하든 사슬의 길이를 정확히 가늠해서 뛰었기 때문에 두 번 다시 무자비하게 사슬에 끌려가지는 않았다.

밤이 되자 새끼 여우는 몹시 불안해하며 슬그머니 밖으로 나왔다가 작은 소리만 나도 냉큼 되돌아갔다. 사슬을 잡아당기거나 앞발로 누르고 사납게 물어뜯기도 했다. 그러다 갑자기 무슨 소리를 들었는지 동작을 딱 멈추더니 까만 코를 치켜들고는 떨리는 외침을 짤막하게 토해 냈다.

새끼 여우는 이런 행동을 한두 번 되풀이했고 그사이에도 사슬을 물어뜯거나 폴짝폴짝 뛰어다녔다. 이윽고 대답 소리가 들렸다. 멀리서 캥, 캐앵 하고 어미 여우의 울음소리가 들려왔다. 몇 분 뒤에 목재 더미 위로 시커먼 형체가 나타났다. 새끼 여우는 살그머니 상자 속으로 들어갔다가 도로 나와서 더없이 반가워하며 어미를 맞으러 뛰어갔다. 어미 여우는 번개같이 새끼를 낚아채서 도로 데려가려고 돌아섰다. 하지만 그 순간 사슬이 팽팽해지면서 어미의 입에 물려 있던 새끼 여우가 홱 끌려갔고, 어미는 창문이 열리자 목재 더미 너머로 도망쳤다.

새끼 여우는 그 뒤로 내내 울면서 뛰어다니다가 한 시간이 지나서야 조용해졌다. 창밖을 살짝 내다보니 어미 여우인 듯한 동물이 달빛을 받으며 새끼 여우 옆에 넙죽 엎드려 뭔가를 갉고 있었다. 쇠가 찰캉이는 소리로 보아, 어미는 그 무자비한 사슬을 갉는 모양이었다. 그동안 새끼 여우는 어미의 따뜻한 젖을 빨았다.

내가 밖으로 나오자마자 빅스는 어두운 숲으로 도망쳤다. 상자 옆에는 아직도 온기가 남아 있는 피투성이 생쥐 두 마리가 놓여 있었다. 헌신적인 어미가 새끼에게 갖다준 먹이였다. 아침에 살펴보니, 새끼 여우의 목줄과 연결된 부분의 사슬이 유난히 반짝였다.

나는 숲을 산책하다가 폐허가 된 여우 굴에서 또다시 빅스의 흔적을 발견했다. 슬픔에 빠진 어미 여우가 이곳에 와서 흙투성이가 된 새끼들의 사체를 파낸 것이다.

거기에는 어미가 혀로 핥아 준 덕분에 털이 가지런해진 새끼 여우 세 마리가 누워 있고, 그 옆에는 갓 죽인 삼촌의 암탉 두 마리가 놓여 있었다. 새로 파낸 흙 위에 잔뜩 찍힌 발자국으로 보아 어미 여우는 오랫동안 죽은 새끼들 곁을 지키고 있었던 것 같았다. 어미 여우는 여느 때와 다름없이 밤 사냥의 전리품을 가지고 새끼들을 찾아왔다. 그러고는 새끼들 곁에 누워 젖을 물리려 했다. 예전처럼 새끼들을 배불리 먹이고 따뜻이 품어 주고 싶었던 것이다. 그러나 보드라운 털에 감싸인 작은 몸은 뻣뻣하게 굳어 있었고, 작은 주둥이도 싸늘히 식어 아무런 반응이 없었다.

바닥에 뚜렷이 남아 있는 팔꿈치와 가슴과 무릎 자국으로 미루어 어미 여우는 오랫동안 꼼짝 않고 엎드려 있었던 것 같았다. 그리고 새끼들을 바라보며 어느 야생 동물 어미 못지않게 슬픔에 잠겨 있었으리라. 그 뒤로 어미 여우는 폐허가 된 굴에는 더 이상 나타나지 않았다. 새끼들이 죽었다는 사실을 분명히 깨달았기 때문이다.

5

새끼 여우들 가운데 가장 허약했던 막내 팁은 이제 어미 여우의 사랑을 한 몸에 받았다.

삼촌은 암탉들을 지킬 개들을 뜰에 풀어 놓았다. 그리고 일꾼에게 어미 여우가 눈에 띄는 대로 총을 쏘라고 명령했다. 나도 그런 명령을 받았지만, 나는 어미 여우를 봐도 못 본 척하기로 마음먹었다. 삼촌은 여우들이 좋아하지만 개들은 입에도 대지 않는 닭 머리에 독을 넣어서 숲속에 뿌리기도 했다. 어미 여우는 팁이 묶여 있는 뜰로 가려면 온갖 위험을 무릅쓰고 목재 더미를 넘어가는 수밖에 없었다. 빅스는

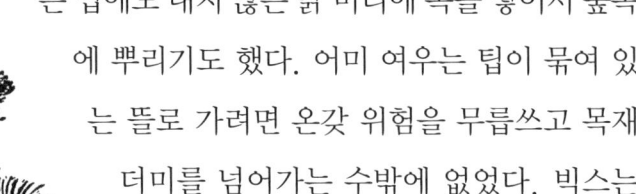

새끼 여우들 곁에 누워 슬퍼하는 어미 여우.

날마다 갓 잡은 암탉과 사냥감을 물고 뜰로 찾아와 새끼 여우를 보살펴 주었다. 어미 여우는 여러 번 모습을 드러냈고, 이제는 새끼 여우가 불만스레 소리치지 않아도 찾아왔다.

　새끼 여우가 잡혀 온 지 이틀째 밤, 사슬이 쩔렁거리는 소리를 듣고 나는 어미 여우가 새끼의 상자 옆에서 열심히 구덩이를 파고 있다는 것을 알았다.

　어미 여우는 자기 몸이 반쯤 묻힐 정도로 땅을 깊이 판 다음, 느슨하게 늘어져 있는 사슬을 구덩이에 밀어 넣고는 흙을 덮었다. 그리고 사슬을 없앴다고 생각했는지, 자신만만하게 새끼 여우의 목을 덥석 물고 돌아서서 목재 더미로 쏜살같이 올라갔다. 아, 하지만 안타깝게도 새끼는 이번에도 사슬에 홱 끌려가고 말았다.

　가엾은 새끼 여우는 애처롭게 낑낑거리며 상자 안으로 기어들어 갔다. 30분쯤 지나자 개들이 부산스레 움직이는 소리가 들리더니, 반대편 숲속으로 곧장 달려가며 짖어 댔다. 빅스를 쫓는 것이었다. 개들이 기찻길이 나 있는 북쪽으로 올라가면서 개 짖는 소리도 차츰 멀어졌다.

사냥개들은 이튿날 아침까지 돌아오지 않았다. 우리는 곧 그 이유를 알았다. 여우들은 오래전부터 기찻길이 어떤 것인지 알고 있었다. 그리고 곧 기찻길을 이용하는 방법을 몇 가지 고안해 냈다.

그중 한 가지는 사냥개가 쫓아오면 한동안 기찻길 위를 걷다가 기차가 오기 직전에 비켜나는 방법이다. 쇠붙이에는 냄새가 잘 배지 않는 데다 그나마 기차가 지나가면 지워져 버린다. 게다가 냄새를 따라가던 사냥개들이 기차에 치여 죽을 수도 있었다.

더 어렵긴 하지만 가장 확실한 방법은 기차가 달려오는 높은 철교 위로 사냥개들을 유인하는 것이다. 그러면 기차가 철교 위에 있는 사냥개를 덮치고 사냥개는 죽음을 피할 수 없게 된다.

어미 여우가 이 방법을 제대로 사용했는지, 철교 아래쪽에서 짓뭉개진 레인저의 사체가 발견되었다. 빅스의 복수였다.

그날 밤 빅스는 사냥개 스팟이 지친 몸을 이끌고 돌아오기 전에 미리 뜰로 돌아와 팁에게 암탉을 잡아 주었다. 그러고는 그 곁에서 몸을 쭉 뻗고 숨을 헐떡이며 팁이 갈증을 달래기를 기다렸다. 빅스는 자기가 먹을 것을 갖다주지 않으면 팁이 굶어 죽을 거라고 생각하는 것 같았다.

빅스가 밤마다 찾아오는 것을 삼촌이 알게 된 것도 바로 암탉 때문이었다.

나는 빅스가 너무나 가엾어서 빅스를 죽이는 일을 더 이상 거들지 않았다. 다음 날 밤 삼촌은 직접 총을 들고 한 시간 동안 망을 보았다. 밤공기가 쌀쌀해지고 달이 구름 뒤로 숨을 무렵, 삼촌은 중요한 볼일을 떠올리고는 일꾼 패디한테 망보는 일을 맡겼다.

패디는 조용한 밤중에 망을 보는 게 불안했던지 신경이 몹시 날카로워져 있었다. 한 시간 뒤에 '탕! 탕!' 하고 요란한 소리가 들린 것을 보니, 총을 쏘기는 쏜 것 같았다.

이튿날 아침, 우리는 빅스가 어젯밤에도 새끼를 찾아온 사실을 알았다. 그리고 이번에도 암탉이 사라졌기 때문에 그날 밤에는 다시 삼촌이 망을 보았다. 날이 저물고 나서 총소리가 한 번 들렸고, 빅스는 물고 있던 사냥감을 떨어뜨리고 도망쳤다. 한밤중에 빅스가 다시 찾아오자 또 총소리가 울렸다. 하지만 이튿날에도 사슬이 유난히 반짝이는 것으로 보아, 빅스가 되돌아와서 그 증오스러운 사슬을 끊으려고 몇 시간씩이나 헛수고한 모양이었다.

빅스의 용기와 변함없는 성실함은, 비록 너그럽게 이해할 수는 없다 해도 충분히 존경할 만했다. 어쨌든 이튿날 밤에는 온 세상이 잠든 시간에 총을 들고 망을 보는 사람이 없었다.

과연 그럴 필요가 있을까? 세 번이나 총에 쫓겨 가고도, 또다시 새끼에게 먹이를 주고 새끼를 구하러 올 어미가 있을까?

그러나 빅스는 모성애가 지극했다. 나흘째 밤, 오직 한 사람만이 지켜보는 가운데 새끼 여우가 떨리는 소리로 낑낑거리자, 목재 더미 위로 검은 형체가 나타났다.

그런데 빅스는 닭이나 다른 먹이를 물고 온 것 같지는 않았다. 이 노련한 사냥꾼이 드디어 사냥에 실패한 것일까? 유일하게 살아남은 새끼에게 줄 먹이를 구하지 못한 것일까, 아니면 이제 사람들이 새끼한테 먹이를 줄 거라고 믿게 된 것일까?

아니, 결코 그런 이유가 아니었다. 어미 여우는 진정으로 사랑하고 진정으로 증오했다. 어미 여우는 오로지 새끼를 자유롭게 해 줄 생각밖에 없었다. 온갖 방법을 다 써 보았다. 새끼를 돌보고 사슬에서 풀어 주기 위해 온갖 위험을 무릅썼다. 하지만 그 모든 것이 실패로 돌아가고 말았다.

　빅스는 그림자처럼 슬며시 왔다가 이내 사라졌고, 팁은 어미가 떨어뜨린 것을 와그작와그작 맛있게 먹었다. 그러다가 팁은 칼날처럼 파고드는 아픔에 고통스러운 비명을 질렀다. 한순간 부르르 몸을 떨던 새끼 여우는 이내 숨을 거두었다.

　빅스의 모성애는 강했지만, 고결한 마음이 그보다 더 강했다. 빅스는 독의 위력을 잘 알고 있었고, 독이 든 미끼가 어떤 건지도 알고 있었다. 그리고 만약 새끼 여우가 사람에게 잡히지 않았다면, 독이 어떤 것인지 가르쳐 주고 그것을 먹어서는 안 된다고 단단히 일렀을 게 분명하다. 하지만 빅스는 새끼를 비참한 죄수로 살게 할 것이냐 죽일 것이냐를 두고 선택해야 했을 때, 가슴속의 모성애를 누르고 마지막 남은 출구를 열어 새끼를 자유롭게 해 준 것이다.

　눈이 내리면 우리는 숲을 돌아다니며 어떤 짐승들이 살고 있는지 조사한다. 올겨울에 우리는 빅스가 더 이상 에린데일 숲에 살지 않는다는 것을 알았다. 우리는 빅스가 떠났다는 것만 알았을 뿐, 어디로 갔는지는 결코 알 수 없었다.

　자기 짝과 새끼들을 잃은 슬픈 기억을 잊기 위해 어디론가 멀리 떠났는지도 모른다. 어쩌면 많은 야생의 어미들이 그렇듯, 마지막 남은 새끼를 자유롭게 해 주었던 그 방법으로 자신도 이 세상의 슬픈 삶을 마감했는지도 모른다.

빅스.

옮긴이의 말

시튼의 삶과 문학

 동물 문학의 아버지, 어니스트 톰프슨 시튼은 1860년 영국의 더럼주 사우스실즈에서 태어났습니다. 아버지의 사업 실패로 형편이 어려워지자, 시튼 가족은 1866년 캐나다로 이주해 온타리오주 린지 근처의 시골에서 살게 되었습니다. 시튼 가족은 울창한 침엽수림에 둘러싸인 통나무집에서 개척자 생활을 시작했고, 영국에 있을 때부터 남달리 동물을 좋아했던 어린 시튼은 캐나다의 광대한 야생에서 자연에 대한 사랑을 더욱 키워 갔습니다.
 시튼은 열 살 무렵 온타리오주의 주도이자 캐나다 제1의 도시인 토론토로 이사했지만 대도시로 온 뒤에도 늘 자연을 그리워했습니다. 어떻게든 동물을 보기 위해 시내의 박제 가게를 드나들고, 주말마다 교외로 나가 자연을 탐험하고, 그렇게 찾아낸 자기만의 비밀 장소에 동경하는 아메리카 원주민들의 방식을 흉내 내어 혼자 힘으로 오두막집을 짓기도 했습니다. 늘 자연 속에서 지내며 자연을 더 깊이 알고 싶었던 시튼은 박물학자가 되는 것이 꿈이었습니다. 하지만 아버지는 그림에 재능이 있다면서 화가가 되라고 했고 시튼은 아버지의 뜻에 따라 온타리오 미술 대학에 들어갔습니다. 졸업 후에는 영국으로 건너가 영국 왕립 미술 아카데미에서 미술 공부를 계속했습니다.

시튼은 1881년에 캐나다로 돌아와 매니토바주 카베리 근방의 농장에 사는 형과 함께 지냈습니다. 자연의 품에서 보낸 그 시절은 시튼의 일생에서 가장 행복하고 값진 시간이었다고 합니다. 시튼은 짐승과 새들을 관찰해 상세히 기록하고, 뛰어난 그림 솜씨로 수많은 동물 그림을 그렸습니다. 이때 시튼이 직접 자연 속에서 경험한 여러 동물들과의 만남은 훗날《내가 알던 야생 동물들》(1898)을 쓰는 밑거름이 되었습니다.

시튼의 대표작인 이 책은 세상에 나오자마자 '사실적 동물 문학'이라는 새로운 문학의 장을 열었다는 찬사를 받았습니다. 그 전까지 문학 작품에서 묘사된 동물들은 이솝 우화나 그림 동화 같은 옛이야기의 전통에서 크게 벗어나지 않았습니다. 즉 겉모습만 동물일 뿐 사람처럼 행동하고 사람처럼 말하는, 그야말로 '동물의 탈을 쓴 사람'이나 다름없었지요. 하지만 시튼은 늑대의 방식대로 살아가는 늑대, 토끼의 방식대로 살아가는 토끼를 그렸습니다. 시튼의 동물 이야기에는 오랫동안 동물을 관찰하고 연구해 온 사람만이 표현할 수 있는 놀라운 현장감이 가득합니다. 시튼도《내가 알던 야생 동물들》의 머리말에서 자신이 쓴 이야기들이 모두 사실에 바탕을 두었다는 점을 분명히 밝힙니다.

이 이야기들은 모두 사실이다. 비록 많은 대목에서 약간의 가공을 하긴 했지만, 이 책에 나오는 주인공들은 모두 실제로 존재했던 동물이다. 그들은 내가 묘사한 대로 살았으며, 그들이 보여 준 영웅적인 행동과 개성을 다 표현하기에는 내 글재주가 턱없이 모자랐다.

시튼은 또 모든 이야기가 주인공의 죽음으로 끝나는 것도 실제 동물의 삶을 근거로 했기 때문이라고 덧붙입니다. "이 책의 동물 이야기들이 모두 비극인 것은 실화이기 때문이다. 야생 동물은 언제나 비극적인 최후를 맞는 법이다."라고요. 책을 읽는 독자로서는 주인공이 '그 후로 오래오래 행복하게' 살았으면 좋겠지만, 위험의 연속인 야생의 삶을 생각해 보면 시튼의 말에 고개를 끄덕이게 됩니다. 한 번의 실수가 곧장 죽음으로 이어질 수 있는 야생에서 옛날이야기 같은 행복한 결말은 쉽게 찾아볼 수 없는 일이겠지요.

하지만 시튼의 이야기 속 동물들은 저마다 처한 환경에서 자신만의 능력과 경험을 활용해 매 순간 온 힘을 다해 살아갑니다. 그리고 그러한 과정에서 때로는 사람보다 더 위대한 모습을 보여 줍니다. 시튼은 자신이 만난 동물들을 "영웅"이라고 불렀습니다. 1905년에 출간한 《동물 영웅들》의 머리말에서 시튼은 이렇게 썼습니다.

영웅이란 남다른 재능과 업적의 소유자를 말한다. 이 정의는 인간과 동물 모두에게 해당한다. 영웅의 이야기는 사람들의 가슴과 상상력을 움직이는 힘이 있다.

위대한 인물의 이야기는 종종 이야기를 읽는 사람의 마음을 움직여 생각과 행동을 변화시키곤 합니다. 시튼은 그러한 이야기의 힘을 잘 알고 있었고, 그것은 이야기의 주인공이 동물일 때도 마찬가지라고 생각했습니다.

나는 박물학에서 너무나 흔히 쓰이는 막연하고 일반적인 접근법으로는 놓치는 것이 많다고 생각한다. '인간'의 습성과 관습을 10페이지로 요약해 놓은 글에서 무슨 만족을 얻겠는가? 차라리 한 위대한 인간의 삶을 그리는 데 그 힘을 쏟는 게 낫지 않을까. 나는 바로 이 원칙을 나의 동물들에게 적용하려고 했다. 나의 주제는 무심하고 적대적인 인간의 눈에 비친 한 종의 일반적인 생태가 아니라, 각 동물의 진정한 개성과 삶의 관점이다. _《내가 알던 야생 동물들》 머리말에서

사실적인 동물의 모습을 담고 있어도, 시튼의 이야기는 백과사전이나 동물도감이 아니라 어디까지나 '이야기'입니다. 주인공이 있고, 사건이 펼쳐지고, 독자가 주인공과 함께 울고 웃을 수 있는 이야기 말입니다. 우리가 어떠한 대상을 알고자 할 때, 그 대상을 주인공으로 한 이야기를 읽는 것은 가장 손쉽고 효과적이면서도 그 대상을 깊이 이해할 수 있는 방법 가운데 하나입니다. 시튼은 동물을 주인공으로 한 이야기를 통해 우리에게 야생 동물의 삶을 구석구석 들여다보게 합니다. 그러면서 동물들을 향한 "무심하고 적대적인" 눈을 거두고 인간을 보듯이 동물을 보라고 말합니다.

이런 동물 이야기 모음집은, 지난 세기였다면 교훈이라고 불렸을 진부한 생각을 자연스럽게 내비치는 법이다. 나의 책을 읽는 사람들은 저마다 자기 입맛에 맞는 교훈을 찾아낼 것이다. 하지만 내가 독자들에게 바라는 것은 성서만큼이나 오래된 교훈, 즉 우리 인간과 동물은 친척이라는 점이다. 인간이 가지고 있는 것이라면 동물도 조금은 가지고 있으며, 동물이 가지고 있는 것은 인간들도 어느 정도 가지고 있다.

그렇다면 동물은 정도만 다를 뿐 우리처럼 욕구와 감정을 가진 생물이기에, 동물 역시 권리를 가져야 마땅하다. 백인들의 세계에는 이제야 알려지기 시작했지만, 불교에서는 이미 2천 년 전에 역설한 사실이다. _《내가 알던 야생 동물들》 머리말에서

시튼은 자연과의 조화를 중시하는 동양의 불교나 아메리카 원주민 문화에서 자연에 대한 태도를 배워야 한다고 생각했습니다. 특히 동물을 인간의 형제처럼 여기고 자연과 어우러져 살아가는 아메리카 원주민들이야말로 가장 이상적인 인간이라고 보았지요. 그래서 '우드크래프트 연맹'(설립 당시 이름은 '우드크래프트 인디언스')이라는 단체를 만들어 청소년들과 함께 숲속에서 야영을 하면서 원주민들의 생활 방식과 숲에서 살아가는 여러 기술을 가르쳤습니다. 나아가 1910년에는 베이든파월 경을 비롯한 여러 동료들과 함께 '미국 보이 스카우트'를 창설해 자라나는 청소년들에게 자연과 함께하는 삶을 알리는 데 힘썼습니다.

1930년에 시튼은 뉴멕시코주 샌타페이로 이사 가서 '시튼 마을'을 세웠습니다. 시튼 마을은 자연을 사랑하고 박물학과 북미 원주민 문화를 연구하는 사람들이 모여드는 중심지가 되었습니다. 시튼은 그 뒤로도 많은 책을 쓰고 강연을 하면서 자연에 대한 사랑과 원주민 문화의 중요성을 역설했습니다. 죽는 날까지 자연을 사랑하고 그 사랑을 적극적으로 실천했던 시튼은 1946년 샌타페이의 시튼 마을에서 그토록 사랑하던 자연의 품으로 돌아갔습니다.

수록 작품 해설

첫 번째 이야기 〈고독한 회색곰 왑의 일생〉은 미국 서부의 산악 지대에서 남다른 힘으로 권세를 누린 한 회색곰의 이야기입니다. '회색곰(grizzly bear)'은 북아메리카 지역에 사는 큰곰을 말합니다. 회색곰도 보통 큰곰처럼 털이 갈색인데, 털끝의 색이 연해 마치 털이 센 것처럼 희끗희끗해 보인다고 해서 '회색곰'이라는 이름이 붙었다고 합니다. 회색곰은 큰곰 중에서도 덩치가 크고 성격이 사나워 무시무시한 곰의 대명사로 통합니다.

이야기의 주인공 왑은 그런 회색곰 중에서도 유난히 몸집이 크고 힘이 센 곰입니다. 앞발을 한 번 휘두르는 것만으로 소를 쓰러뜨리고, 커다란 바위를 뒤집어엎는 것쯤은 일도 아닙니다. 게

다가 이렇게 힘이 세면 조심성이 없는 경우가 많은데, 왑은 뼈아픈 경험을 통해 덫과 총이 위험하다는 사실을 잘 알 만큼 노련합니다. 또 자기가 쫓던 사람이 나무 위로 올라가 몸을 피했을 때는 근처에 몰래 숨어서 내려올 때까지 기다리는 집요하고 공격적인 면도 있지요.

이처럼 왑은 엄청난 힘과 영리한 머리, 사나운 성격으로 다른 야생 동물과 사람들을 공포에 떨게 합니다. 하지만 시튼의 이야기를 읽으며 왑의 일생을 찬찬히 따라가다 보면 왑이 왜 이렇게 무시무시한 폭군이 되었는지 이해하게 됩니다. 왑은 젖먹이 시절 어미와 형제들을 한꺼번에 잃고 홀로 남겨집니다. 의지할 곳 하나 없는 작은 새끼 곰에게 세상은 위험투성이이고, 모든 동물이 자신을 미워하는 것만 같습니다. 왑은 목숨을 잃을 고비를 수없이 넘기며 생존법을 터득해 나가고, 그러는 동안 힘과 덩치도 점점 자라지요. 하지만 짝을 만나거나 가족을 이루지 못하고 평생 외톨이로 살면서 오직 힘을 추구하는 데서만 기쁨을 느끼게 됩니다.

왑은 그 누구도 맞설 수 없는 어른 곰이 되자 보란 듯이 온 세상에 대고 자신의 힘을 과시합니다. 마치 그동안의 불행에 복수라도 하듯이 말이지요. 하지만 나이가 들자 자신의 모든 것이었던 강력한 힘도 자연히 쇠약해지고, 거기에 훨씬 강해 보이는 적까지 나타납니다. 힘을 잃은 왑은 결국 힘으로 쌓아 올린 거대한 영토를 적에게 내주고 쓸쓸한 죽음을 맞습니다.

무시무시한 포식자로 악명 높은 동물에게 개성과 존엄성을 부여했다는 점이나, 마지막에 패배에 직면한 주인공 동물이 저항하지 않고 조용히 죽어 갔다는 점에서 왑의 이야기는 '늑대 왕' 로보의 이야기(《시튼 동물기 1》수록)와 닮아 있습니다. 하지만 짤막한 단편인 로보 이야기와 달리 〈고독한 회색곰 왑의 일생〉은 비교적 긴 중편 소설로, 제목처럼 왑의 일생을 시간순으로 펼쳐 보이며 한 동물의 삶과 내면을 더욱 자세히 탐구합니다. 아마도 로보는 실존했던 늑대인 반면, 왑은 시튼이 보고 들은 여러 회색곰의 이야기를 모아 창조한 캐릭터이기 때문에 자유롭게 상상력을 발휘해 풍성한 이야기를 구성할 수 있지 않았을까 싶습니다. 이야기의 배경인 옐로스톤 국립 공원 지역에 '왑'이라고 부르던 커다란 회색곰이 있었던 것은 사실이지만, 왑의 일생은 시튼이 창작한 것입니다. 시튼은 왑 이야기를 책으로 내며 머리말에서 이렇게 밝혔습니다.

"이 책은 그레이불강 가의 팰릿 목장에서 보낸 나날을 추억하며 쓴 것이다. 그곳의 사냥꾼과 광부, 목장주한테서 들은 이야기와 내가 겪은 일들을 모아 왑의 일생에 관한 이야기를 썼다."

이 머리말에는 언급되어 있지 않지만, 캘리포니아주에 살았던 '곤봉 다리'라는 회색곰도 왑의 이야기를 쓰는 데 영향을 미치지 않았을까 추측됩니다. 시튼은 〈지혜로운 까마귀 실버스팟〉(《시튼 동물기 1》수록)에서 실존했던 유명한 동물들을 거론하면서 "'곤봉 다리'라는 이름의 절름발이 회색곰도 있었는데, 그 곰은 단 2년 사이에 돼지치기들을 모조리 알거지로 만들고 새크라멘토 골짜기 상류에 사는 농부들 절반을 파산시켰다."고 썼습니다. 다리를 절었고 사람들에게 막심한 피해를 입힌 회색곰이라는 점에서, 이 '곤봉 다리'라는 곰도 왑의 모델 가운데 하나가 아닐까 짐작됩니다.

〈용맹한 개 스냅〉의 주인공 스냅은 불테리어종 개입니다. 불테리어는 영국에서 불도그와 테리어종 사냥개를 교배시켜 만든 품종으로, 불도그의 강인함과 테리어의 민첩함을 두루 지닌 개입니다. 불도그처럼 어깨가 떡 벌어진 근육질 몸에 작고 까만 눈이 콕 박힌 길쭉한 얼굴이 귀엽기도 하고 조금은 우스워 보이기도 하지만, 원래 쥐나 오소리 같은 짐승을 잡거나 투견용으로 만들어진 품종이라 성격이 용맹하고 충성심도 강합니다.

스냅은 용맹하기로는 둘째가라면 서러울 정도로 용감무쌍한 개입니다. 성미도 사나워서, 개에 관해서라면 누구보다 잘 아는 시튼도 처음에는 스냅을 길들이느라 애를 먹습니다. 이야기의 첫 부분에서 시튼이 스냅의 사나운 성격에 쩔쩔매면서 조금씩 친해지는 과정이 아주 익살스럽게 그려져 있습니다.

스냅의 두둑한 배짱과 상대를 가리지 않고 싸움을 거는 호전적인 성격은 늑대 사냥에서 진가를 발휘합니다. 시튼은 출장차 들른 목장에서 늑대를 두려워하는 사냥개들 때문에 늑대 사냥이 번번이 실패하는 것을 보고, 덩치는 작지만 자기보다 훨씬 큰 세인트버나드한테도 겁 없이 덤벼들고 "아무리 쓰라린 패배를 당해도 결코 몸을 사리지" 않는 스냅을 사냥에 투입합니다. 키가 크고 늘씬한 다른 사냥개들과 달리 몸집이 땅딸막한 스냅은 달리기가 느려서 늑대를 쫓을 때는 늘 맨 뒤로 처집니다. 하지만 다른 사냥개들이 늑대를 몰아 놓고도 겁이 나서 막상 덤비지는 못하고 컹컹 짖어 대기만 할 때, 조그만 스냅이 쏜살같이 달려와 곧장 늑대에게 뛰어듭니다.

이렇게 용맹한 스냅은 결국 그 용맹함 때문에 죽음을 맞이합니다. 마지막 사냥에서도 스냅은 한순간의 망설임도 없이 늑대에게 달려듭니다. 늑대의 날카로운 발톱에 나가떨어져도 곧바로 벌떡 일어나, 다시 달려들어 늑대를 물고는 죽을 때까지 놓아주지 않지요. 그리고 자신도 깊은 상처를 입고 죽음을 맞지만, 이마저도 참으로 스냅다운 죽음입니다. 처음부터 끝까지 거침없는 용기와 활력을 뽐내며 온전히 자기답게 살다가 자기답게 죽은 것이지요.

스냅의 모델은 시튼이 어릴 때 길렀던 개로 추측됩니다. 시튼의 자서전을 보면 영국에서 이민을 올 때 개 두 마리를 데려왔다고 하는데, 그중 한 마리의 이름이 '스냅'입니다. 품종은 불테리어가 아니라 스코티시테리어지만, 같은 테리어종이고 체구는 작아도 성격이 용맹했다는 점이 이야기 속의 스냅을 떠올리게 합니다. 특히 싸우는 모습을 보면 이야기 속 스냅과 똑 닮았습니다. 이 스코티시테리어 스냅이 언젠가 레트리버종 개와 싸운 적이 있는데, 자기보다 훨씬 큰 레트리버에게 곧장 달려들어 코를 꽉 물고는 사람들이 떼어놓을 때까지 놓아주지 않았다고 합니다.

〈어미 여우 빅스의 마지막 선택〉에서는 여우라는 동물의 두 가지 면모를 볼 수 있습니다. 앞부분에서는 우리가 익히 아는 여우의 이미지, 곧 교활하고 약삭빠른 모습이 잘 드러납니다. 주인공인 여우 부부 빅스와 스카페이스는 단순히 사냥 실력이 뛰어나다거나 적의 추적을 따돌리는 것을 넘어, 잡아 온 먹잇감을 새끼들의 놀잇감으로 쓰게 하거나 사람이나 사냥개를 약 올리는 데서 즐거움을 느낍니다. 이런 모습을 보면 영악하고 간사한 사람을 여우에 비유하는 말이 괜히 나온 것은 아닌 듯합니다.

이야기 속에서 여우의 영리함을 보여 주는 여러 일화들은 시튼이 직접 목격한 것을 모은 듯합니다. 시튼의 자서전을 보면 형과 함께 살던 시절에 초원에서 바위와 똑 닮은 웅크린 여우를 보았다든가, 어떤 영리한 여우가 시튼을 따돌리고는 시튼이 헤매는 모습을 고소하게 지켜보았다는 일화들이 나옵니다. 시튼은 이러한 경험을 이야기 속 스카페이스의 활약에 녹여 놓았습니다.

이야기의 뒷부분으로 가면 여우의 또 다른 면모를 볼 수 있습니다. 자식 사랑이 지극한 어미 여우 빅스는 사랑하는 새끼들을 잃고 가슴이 미어지게 슬퍼합니다. 사람들이 죽여서 묻어 놓은 새끼들을 파내서는 고이 핥아 주고, 새끼가 죽었다는 사실을 깨닫고는 한동안 하염없이 엎드려 있기도 합니다. 그리고 인간에게 사로잡힌 마지막 새끼를 구하려고 갖은 애를 씁니다. 위험을 무릅쓰고 날마다 먹이를 잡아다 주고, 새끼를 묶고 있는 단단한 쇠사슬을 이빨로 갉기도 합니다. 하지만 어떤 수를 써도 새끼를 구할 수 없다는 것을 알자, 어미는 결국 독이 든 미끼를 새끼에게 먹입니다. 인간에게 잡혀 사는 것은 죽음보다 고통스러운 삶이라고 생각한 것이지요. 모정과 절망이 뒤섞인 빅스의 마지막 선택은 시튼이 그린 어떤 동물의 최후보다 비극적이고 안타깝습니다.

햇살과나무꾼

시튼의 생애

1860	8월 14일, 영국 더럼주 사우스실즈에서 태어났다. 시튼의 아버지는 스코틀랜드 하일랜드 지방 명문가의 후계자였다.
1866	아버지가 파산하며 온 가족이 캐나다 온타리오주로 이주했다.
1870	캐나다 토론토에서 초등 교육을 받았다. 미술에 두각을 나타냈고 가족들도 예술가가 되기를 원했지만 시튼은 자연에서 더 많은 시간을 보냈다.
1879	토론토 예술 협회에서 주는 황금 메달을 받았다. 미술을 공부하기 위해 영국 런던으로 갔다가 건강이 나빠져 2년 후 다시 캐나다로 돌아왔다.
1881	형들이 사는 캐나다 매니토바주의 대초원을 누비며 자연과 동물에 관한 폭넓은 지식을 쌓았다. 이때의 경험은 훗날 시튼의 작품에 등장하는 경이로운 자연과 야생 동물 이야기 속에 녹아들었다. 이즈음 아메리카 원주민과 교류하기 시작했다. 시튼은 훗날 인디언 보호구와 멸종 동물들을 위한 동물 보호 공원의 설립을 강력하게 주장하는 사회 운동가로 활동했다.
1883	미국 뉴욕으로 가 미술학도 연맹에서 공부하며 여러 자연사학자들을 만났다. 1년 후에 프랑스 파리로 가서 미술을 공부했다.

열네 살 때의 시튼
© Courtesy Philment Museum and Seton Memorial Library

| 1885 | 《센추리 백과사전》에 실릴 동물 그림을 1천 점 정도 그렸다. 프랭크 챔프슨의 《조류 안내서》의 삽화를 그렸다. |

시튼은 탁월한
그림 솜씨로
야생 동물 그림을 그려
생계를 유지하기도 했다.

1886	《매니토바의 포유류 목록》을 출간했다. 6년 뒤에 매니토바주 정부의 자연학자로 임명되었고, 죽을 때까지 직책을 수행했다.
1890	파리의 쥘리앵 아카데미에서 미술을 공부했다.
1891	작품 〈잠자는 늑대〉를 프랑스 파리 살롱의 특별관에 전시했다.
1893	미국 뉴멕시코 지역으로 사냥을 나갔다.
1894	〈커럼포의 늑대 왕 로보〉를 발표했다. 뉴멕시코 지역에서의 사냥 경험이 녹아든 작품이다.
1896	미국 뉴욕 출신인 그레이스 갤러틴과 결혼했다.

그레이스 갤러틴. 작가이자 여성 참정을 주장하는
사회 운동가였다. 《새내기 여성》, 《사냥꾼의 아내》 등을 썼고
코네티컷 여성 참정권 협회 회장을 지냈다.

1898	야생 동물 이야기를 쓴 첫 번째 책 《내가 알던 야생 동물들》을 발표했다. 시튼은 이 작품으로 세계적인 명성을 얻었다.
1899	《샌드힐의 수사슴》을 출간했다.
1900	《고독한 회색곰 왑의 일생》을 출간했다.

1901	•	《위대한 산양 크래그: 쫓기는 동물들의 생애》를 출간했다.
1902	•	아이들에게 자연과 접할 기회를 주려고 노력하며 보이 스카우트의 전신인 '우드크래프트 연맹'을 만들었다.
1904	•	딸 '앤 시튼'이 태어났다.
1905	•	《동물 영웅들》을 출간했다.
1906	•	보이 스카우트 운동에 본격적으로 참여했다.

미국의 삽화가이자 청소년 지도자인 대니얼 비어드(오른쪽), 영국 군인이자 작가인 로버트 베이든파월(가운데)과 함께 찍은 사진. 세 사람은 보이 스카우트 협회에서 함께 활동했다.

| 1909 | • | 《은여우 이야기》를 출간했다. |
| 1910 | • | 미국 보이 스카우트 설립 위원회의 위원장으로 활동하며 보이 스카우트의 첫 매뉴얼을 만들었다. |

1910년 미국 미네소타주 실버베이에서 보이 스카우트 캠프에 참가한 시튼.

| 1913 | • | 《옐로스톤 공원의 동물 친구들: 우리 곁의 야생 동물들》을 출간했다. |
| 1916 | • | 《구두 신은 야생 멧돼지: 야생 동물들이 살아가는 방법》을 출간했다. |

1917	아메리카 원주민인 수(sioux)족에게서 '검은 늑대'라는 이름을 얻었다.
1926	미국 보이 스카우트 협회에서 처음으로 제정한 상인 '은빛 물소상'을 받았다.
1927	수족, 푸에블로족 원주민과 생활하며 아메리카 원주민의 문화와 전통을 연구했다.
1928	1918~1925년 동안 집필한 《사냥감들의 삶》으로 미국 국립 과학 연구소가 국제적으로 시상하는 '존 버로스 메달'을 받았다. 총 4권인 이 책은 동물학 분야의 탁월한 연구가 담긴 역작으로, 시튼은 약 1,500점의 삽화를 직접 그렸다.
1930	미국 뉴멕시코주 샌타페이로 이주했고 '시튼 연구소'를 설립했다. 연구소는 레크리에이션 협회 지도자의 훈련 캠프이자 북아메리카 원주민의 생활 양식을 탐구하는 곳이었다.
1934	그레이스 갤러틴과 이혼하고 줄리아 모스 버트리와 재혼했다.
1937	《표범을 사랑한 군인: 역사에 남을 위대한 야생 동물들》을 출간했다.
1940	자서전인 《야생의 순례자 시튼》을 출간했다. 시튼은 86년의 생애 동안 40권이 넘는 책과 수많은 글을 발표했다.
1945	《산타나, 프랑스의 영웅견》을 출간했다. 이 작품은 시튼이 생전에 출간한 마지막 책이 되었다.
1946	미국 뉴멕시코의 자택에서 생을 마쳤다.

시튼은 야생 세계에 대한 열정으로 수많은 작품을 펴냈다. 자연과 동물에 대한 매혹적인 글과 그림은 오늘날까지도 전 세계 사람들에게 위대한 유산으로 남아 있다.